Bon et joyeux anniversaire

Roman policier

Chapitre 1 : Propriano.

Le soleil a entamé sa lente descente au bout de l'avenue Napoléon. Au volant de son tout nouveau pick-up Ford Ranger noir, vitres ouvertes, Jean roule au ralenti et salue un à un ses collègues, patrons de restaurants et de brasseries sur le port. A gauche la brasserie, à droite la terrasse qui longe les bateaux amarrés, bercés par le son des drisses qui claquent au rythme de la brise.

Les serveurs, plateaux à bout de bras, dansent entre les voitures et les deux roues qui déboulent. Baskets aux pieds, t-shirts trempés, dans un ballet incessant, ils vont et viennent, traversent, servent, desservent, de gauche à droite, et de droite à gauche.

Jean s'arrête au niveau du restaurant à la mode qui a introduit en ville le concept du « bien-boire-manger et avoir mal au cul ». L'avantage, c'est que le client assis sur des tabourets inconfortables reste en moyenne moins longtemps et libère la place, ce qui assure au minimum, par table, ou plus justement par tonneau, trois services par soir au lieu de deux.

Produits corses de qualité supérieure à des prix élevés, bien évidemment, la notoriété et les bénéfices sont au rendez-vous.

Jean, avec sa pizzeria, ne peut malheureusement pas appliquer cette recette. En grande discussion avec le maire, le patron du restaurant à la mode lui fait un petit geste de la main, lui signifiant qu'ils se verront plus tard.

Jean est fier de parader au volant de son nouveau 4X4 et de le montrer à sa ville, mais un peu vexé que son ami ne daigne pas se lever et prendre trente secondes pour venir l'embrasser. Le petit embouteillage ainsi provoqué aurait pu attirer le regard de tous et chacun aurait alors admiré avec envie son nouveau véhicule. Ce petit moment de frustration est bien vite passé. Jean observe à présent le taux de remplissage de ses concurrents afin d'estimer si les touristes sont enfin arrivés. La crêperie et le gastronomique sont pleins, ce qui n'est pas le cas des restaurants de poissons.

De nombreux pinzuti marchent sur les trottoirs et au milieu de la route, tongs aux pieds pour les plagistes, chaussures de randonnée pour les montagnards. Un léger voilage noué sur les hanches, des femmes cherchent à camoufler leurs complexes de l'été, mais tous brandissent le cône de glace stracciatella ou amarena âprement conquis.

Leurs gosses scrutent leurs téléphones avant de traverser la route, au cas où ils auraient une alerte sur Instagram leur indiquant qu'une voiture risque de les percuter.

La place handicapée en face du Crédit Lyonnais est libre, Jean s'y gare, et comme il est bienveillant il allume ses warnings, indiquant ainsi aux personnes en fauteuil roulant d'aller se faire foutre. Il retire deux cents euros, en billets de vingt pour, peut-être, distribuer en fin de service une prime à son personnel le plus méritant.

Arrivé au niveau du Beach-Hôtel, Jean tourne sur la droite, slalome entre les voitures garées de guingois, et arrive enfin devant l'entrée de son établissement. Stan Smith aux pieds, jean Levis, T-shirt noir, Jean se dirige directement derrière le comptoir, attrape un verre et se sert une Pietra pression.

En regardant le planning, sans lever les yeux, il demande à Marion le nombre de réservations du soir. Celle-ci tourne la tête et sans un mot, va aider sa collègue à terminer la mise en place de la salle. Croyant ne pas avoir été entendu, Jean élève la voix et repose sa question à son bras droit : blonde, un mètre soixante-cinq, vingt-huit ans, assez jolie fille.

- Nous sommes complets Jean, ce soir, avec deux grandes tables qui arrivent à vingt heures, ça va être chaud !

- OK c'est cool, alors on y va. Au boulot !

Marion regarde Jean comme si elle regardait un escargot mort, sans sentiment, sans respect. Sans rien.

Jean n'a pas le physique d'un patron de pizzeria. Quarante ans, pas vraiment sportif, une adolescence un peu bagarreuse mais rien de très glorieux, pas de prison, une scolarité minimum qui se termine avec un B.E.P. pâtisserie. Aucun charisme, pas de réelle joie de vivre, pas d'enthousiasme pour animer une table, encore moins une salle de restaurant. Des blagues genre : « C'est quoi une douche sans eau ? - Une duche ! » il ne reçoit, en échange, qu'un sourire poli de ses clients. Systématiquement on lui fait l'éloge d'un si bel endroit et de la chance qu'il a d'habiter une si belle ville.

Le succès de son restaurant réside dans son emplacement, sa terrasse donne directement sur la plage, orientée plein ouest, face au somptueux coucher de soleil. A droite, des rochers plongent dans la mer limpide qui permet d'admirer saupes ou girelles. C'est un aquarium à ciel ouvert.

En plus, il a mis la main sur Marion, manager jusqu'au bout des ongles, et Patrice, le roi de la calzone cuite au feu de bois.

En plein rush, les deux stagiaires sont perdues, ça va trop vite : Patrice enchaîne les pizzas, Marion assure les grandes tables. Les deux petites mélangent les commandes.

C'est alors que Jean sort de derrière le bar, et de façon très naturelle, vient aider son équipe. Il va vite, reste calme, explique aux deux petites novices les gestes pour être plus efficaces. Le retard est rattrapé, le service se termine bien.

Les derniers clients se font offrir une liqueur de myrte et s'en vont. Jean tente un regard complice avec Marion, c'est un échec.

Jamais marié, il est resté longtemps à Paris, il a enchaîné les petits boulots et les coups foireux : sites de rencontres ou sites de baise, sites d'étudiantes ou sites de seniors ; seules les prostituées le comprenaient.

Quand son oncle Dominique lui propose de s'occuper de sa pizzeria en Corse, Jean accepte immédiatement. Des débuts un peu difficiles, puis il recrute Marion avec qui le courant passe tout de suite.

Parisienne elle aussi, elle souhaitait un peu d'exotisme. Jean essaye de la séduire : une bise dans le cou, une main un peu baladeuse. La réponse ne se fait pas attendre : une bonne baffe. « Pas de relation dans le travail, c'est clair pour vous ? » « OK » répond Jean, heureux de garder son employée.

Le service est maintenant terminé. Jean suit une des deux stagiaires dans les toilettes, celle-ci comprend tout de suite que si elle souhaite conserver son travail, il va falloir être gentille avec le patron.

Mais soudain, deux hommes cagoulés font irruption à l'entrée de la pizzeria. L'un d'eux bouscule Marion, qui tombe sur les fesses et atterrit derrière le bar. Patrice, le pizzaiolo, est neutralisé d'un seul coup de batte de baseball sur la cuisse ; une douleur immédiate et intense lui fait perdre connaissance. La seconde stagiaire, en larmes, se réfugie sous les tables, incapable de bouger.

Jean sort des toilettes, voit d'abord le grand gaillard masqué avec la batte : trop tard. Le temps que l'information lui monte au cerveau, il reçoit une première chaise dans le dos, tombe au sol. Un coup de batte, une averse de coups de pied, d'abord en plein dans l'entre jambe, puis sur l'ensemble de son corps meurtri. Pour finir Jean prend une deuxième chaise sur le râble, chaise design lourde et confortable. Le plus petit se penche sur Jean, le redresse, observe son œuvre, Jean est K.O...

Le grand cagoulé jette sur Jean un seau de glaçons qui traîne sur le comptoir. Celui-ci se réveille instantanément.

- Putain ! Mais qu'est-ce que c'est que ce bordel ? Qu'est-ce que vous voulez ? hurle Jean. Ça ne va pas de tabasser tout le monde sans dire bonsoir ? Vous êtes complétement à la masse. Je te reconnais en plus, toi, là, le grand, avec ta cagoule de travers, tu travailles pour Ange. Vous voulez quoi ?

- Ecoute Jean, ce n'est pas personnel, mais tu sais, le loyer… il faut que tu le paies un jour. Monsieur Santoni a été patient et il n'a toujours rien touché. Alors, c'est simple Jean : tu paies et tout rentre dans l'ordre.

- Tu plaisantes ? Je verse, toutes les semaines, l'argent à mon oncle Dominique pour qu'il le donne à Ange. Alors tes menaces, j'en ai rien à foutre.

- Je te dis que Monsieur Santoni attend ta participation ; et attendre, il n'aime pas ça ! Si on revient, vous allez tous morfler, c'est clair ? Alors, règle le problème au plus vite.

Les deux cow-boys partis, l'équipe se réunit devant le bar. C'est Patrice, enfin réveillé, qui prend la parole :

- Bien, on boit un coup ?

Marion, toujours derrière le bar, sert à chacun un whisky Lagavulin seize ans d'âge. Le nectar précieux glisse le long des gorges encore choquées, puis un râle commun de satisfaction se fait entendre. Les verres se posent sur le zinc avec un bruit de clap de fin.

Tous ont les yeux rivés sur Jean. Clairement, il ne sait pas comment réagir. Finalement, il opte pour une solution intermédiaire ; du moins le pense-t-il.

- Ils ont été trop loin, ils vont voir de quoi je suis capable.

Jean sort nonchalamment, laissant derrière lui son équipe. Il ne demande pas l'aide de Patrice, non. Il est clairement décidé à aller chez son oncle Dominique pour lui demander les raisons de cette mise sous pression.

Il démarre le 4X4, fait crisser les pneus sur le parking puis ralentit : ce serait vraiment trop bête d'avoir un accident maintenant. Alors, c'est avec des ecchymoses partout, une douleur dans le bas ventre, un mal de dos terrible qu'il se rend à la ferme de son oncle Dominique.

Il est accueilli dans la cour, par son cousin, un grand gaillard de cent kilos, qui, pas surpris de voir Jean, attaque directement les hostilités avec un sourire dans la voix.

- Tu crois que tu vas payer ton loyer comme ça ?

- Mais quel loyer putain ! Je le donne à ton père, le loyer !

L'autre éclate de rire.

- Ce n'est pas à mon père que tu dois de l'argent mais à Ange. Quel con ce mec, tu es vraiment trop con.

Jean commence à comprendre : son oncle le met profond.

- Et on parle de quelle somme ? demande-t-il, refoulant les larmes qui arrivent.

- Je ne sais pas moi : soixante mille euros, mon gars. Pas plus !

Un rire gras ponctue la conversation. Son oncle Dominique n'est même pas sorti lui parler.

Jean remonte dans sa nouvelle voiture, rouge de fureur. Il démarre, ne sachant plus que faire. Le monde s'écroule autour de lui.

Après avoir perdu ses parents, il perd la seule famille qu'il lui reste, le frère de sa mère, une ordure, un voyou, mais en qui il avait toute confiance. Il se sent trahi, et plus encore abandonné, voire vendu à Ange le mafieux.

Il ralentit pour ne pas écraser le chien qui l'accompagne vers le néant en courant devant la voiture. A l'arrière de la ferme, dans la lueur des phares, Jean aperçoit deux bouteilles de gaz, entreposées à l'entrée de la grange, à côté du tracteur.

Jean stoppe son véhicule, regarde le tas de bois qui fait face à la remorque du tracteur et toujours éclairé par les phares de son bolide, trouve un jerrican d'essence près de la brouette. Tout ça n'est pas très prudent, pense-t-il. Mais petit à petit, l'idée fait son chemin, l'histoire se met en place. Il décide de charger le gaz et l'essence à l'arrière du pickup. S'il doit tout perdre, Ange va s'asseoir sur son fric, et Dumé va avoir des problèmes.

Ragaillardi par le scénario qu'il est en train d'écrire, Jean redescend vers son restaurant. Marion a bien fermé toutes les ouvertures. C'est important en cas d'explosion, c'est le toit qui se soulève, qui retombe et écrase le bâtiment. Si les fenêtres restent ouvertes le souffle est forcément aussi orienté vers les ouvertures et il y aura une déperdition, l'explosion sera moins puissante.

Jean prend l'argent dans la caisse, positionne les bouteilles de gaz au centre ; asperge d'essence les murs porteurs, et zou. Une allumette suffit.

Il remonte dans sa voiture, s'éloigne, se retourne et boum ! Une déflagration énorme, impressionnante. Très vite son restaurant s'écroule, en flammes. Il ne restera rien, sauf le jerrican en guise de signature.

Déjà les sirènes des pompiers accompagnent le départ de Jean. Direction le continent, il faut qu'il prenne un bateau le plus vite possible pour être demain à Marseille.

A cette heure matinale, seul un petit camion de livraison de produits réfrigérés, roulant à vive allure, apparait dans les rétroviseurs du 4X4.

Jean doit être prudent. Se faire oublier d'Ange et de Dumé ne va pas être chose facile. Il doit rester vigilant et commence par se cacher toute la journée dans le maquis, puis quitte Kaliste à dix-huit heures.

Chapitre 2 : La girolle.

Après les deux orages qui se sont abattus sur le Limousin cette semaine, comme la terre est chaude et que la lune monte, il serait logique de trouver quelques cèpes ou girolles en bordure de bois. C'est ce que pense Pierre, chirurgien des tissus mous, en arrivant dans la cuisine ce matin.

Il allume la machine à café, regarde machinalement son téléphone, emporte son expresso pour le boire sur la terrasse. Il a le temps. Ses consultations ne commencent qu'à neuf heures et demie et cet après-midi, il opère.

Il boit cul sec son café et descend en bas de la propriété, contourne la piscine, traverse la haie, suit le chemin sur cinquante mètres et longe le bois. Il baisse la tête, avance à petits pas, ses yeux s'accommodent doucement à la luminosité du petit matin. Toutefois il ne voit rien. Le terrain est sec, Pierre soulève les quelques feuilles tombées avec l'orage. C'est un échec. Aujourd'hui, il ne trouvera pas de cèpes. Quand il remonte, son téléphone sonne : c'est la clinique.

- Oui allô ? Docteur Reynier à l'appareil.

- Bonjour Pierre ; excuse-moi, c'est Philippe des urgences, j'ai une femme de soixante ans, bon état général, qui présente une diarrhée chronique de plus de trois jours. On a demandé une prise de sang et un scanner qui montre une belle occlusion probablement due à un bouchon au niveau ...

- Ça va, j'ai compris. J'arrive, on va s'la faire avant mes consultes. Tu me l'envoies tout de suite, on va lui déboucher l'intestin grêle sous coelioscopie. Je suis là dans vingt minutes.

Pierre croise sa femme avant de monter dans sa voiture, l'embrasse comme on s'embrasse quand on est un vieux couple, tendrement, affectueusement avec beaucoup d'amour mais simplement plus le même.

- Tu n'oublies pas ce soir, Paul nous présente sa nouvelle fiancée. Essaie d'être là vers vingt heures, s'il te plaît.

- Sans problème, bisous, à ce soir ! répond-il, l'air sûr de lui.

A son arrivée à la clinique, tout est prêt. Au scanner on voit très bien une magnifique occlusion. Et là on ne sait pas par quel miracle, madame Ponchard offre à Pierre sa première girolle de l'année, coincée dans l'intestin grêle. Elle a dû engloutir tellement vite les premiers champignons tant attendus dans la région que la pauvre femme n'a pas eu le temps de les digérer correctement.

Fou rire au bloc. L'infirmier propose à Pierre deux œufs pour l'omelette de midi ; le rire est général, la bonne humeur les accompagne jusqu'à la machine à café. Les gobelets lancés dans la poubelle, chacun peut retrouver ses occupations.

Paul accompagné d'Émilie arrive chez ses parents à dix-neuf heures trente, afin de pouvoir aider sa mère à préparer le diner. Du jambon dix-huit mois d'affinage à l'apéro et quelques tartines de tapenade, un tian de légumes pour accompagner le rôti de veau. Il faut couper en rondelles les aubergines, les courgettes et les tomates.

- Je le fais, dit Paul. La bouteille de vin que tu as apportée Emilie, on l'ouvre ?

- Je la débouche. C'est un vin de margaux, du deux-mille neuf. Avec la viande, on va se régaler, répond Emilie, perdant un peu de sa timidité.

Elle ne s'est pas tout de suite sentie à son aise dans cette maison, Paul l'abandonnant trop souvent pour sa mère. Ils s'installent sur la terrasse, Paul fait péter le bouchon du Ruinart. Emilie coupe quelques tranches de jambon supplémentaires. Une fin d'été agréable, le soleil disparaît lentement, quand un bruit de voiture se fait entendre.

- Excusez-moi pour le retard, je suis désolé. Je me change et j'arrive.

Avec plus d'une heure de retard, Pierre va enfiler un jean, un polo et essaye de rattraper son retard en débouchant une deuxième bouteille de champagne.

Il raconte son histoire de girole tout en mettant le couvert, aidé par Emilie. Le repas débute au mieux, tout le monde y mettant du sien.

La cuisson du rôti est parfaite. Le vin est délicat. Tous se régalent. Pas de blancs dans la conversation on ne peut plus banale : les travaux de la terrasse, la réparation des skimmers et l'extrême compétence de nos artisans à nous expliquer pourquoi cela ne fonctionne toujours pas. Puis le chemisier acheté dans cette petite boutique extraordinaire où la petite vendeuse est tellement sympathique mais la patronne tellement désagréable. Les assiettes se vident.

- Qui en reprend ? Il faut finir les plats pour passer au dessert. Personne ? N'attendant pas les réponses, Pierre empile les assiettes sur les plats, puis part en cuisine, pose tout sur la table, et revient avec le clafoutis aux cerises maison, les couverts et assiettes à dessert.

- Tout le monde en veut ? demande-t-il, réjoui.

Le clafoutis est englouti en deux minutes chrono, c'est une des nombreuses spécialités de la maîtresse des lieux, c'est délicieux. Le cerisier, cette année, a donné beaucoup plus que les autres années, grâce peut-être aux centrales nucléaires qui nous certifient qu'il n'y a absolument aucun souci de sécurité.

Paul et sa mère débarrassent le dessert tandis qu'Emilie, assise à côté de Pierre, continue à faire la conversation du mieux qu'elle le peut.

- Vous avez aimé le vin ?

- Il était fantastique, tu nous as gâtés. Comment une jeune fille comme toi s'y connaît-elle en vin ?

- J'ai la chance de côtoyer, dans mon travail, des gens qui savent partager leur passion. C'est en les écoutant que...

- Tu peux faire les cafés ? crie Pierre à destination de la cuisine.

Paul, comme par magie, apparaît, un plateau dans les mains, portant deux cafés : un pour son père et l'autre pour lui.

- Tu veux une petite laine ? demande Paul à Emilie, qui, un peu vexée, répond du tac au tac :

- Je préfèrerais un café s'il te plaît, c'est gentil, merci !

- Oh, excuse-moi. Désolé, Paul lui tend le sien et retourne dans la cuisine s'en faire un. C'est cet instant un peu confus de légère tension que choisit Pierre pour savoir qui est vraiment Emilie. Elle savait que ce moment allait arriver au cours de la soirée, mais elle ne savait pas quand. Eh bien c'est maintenant.

- Alors Emilie, parle nous un peu de toi. Comment as-tu rencontré Paul ?

- On s'est rencontré lors d'un staff à l'hôpital, il avait faim et il a dévoré tout le buffet que j'avais apporté, j'étais furax. A la fin il m'a invitée à prendre un verre pour se faire pardonner. Et voilà ! Sinon vous l'avez compris, je suis dans l'industrie pharmaceutique depuis dix ans. Mes parents travaillent dans un dispensaire à Phnom Penh, j'ai des nouvelles de temps en temps, et j'ai été élevée par ma grand-mère.

Cette grande jeune femme parle quelques minutes d'elle et cela lui paraît une éternité. Elle n'a pas l'habitude de se confier, elle prend conscience que jusque-là, personne, pas même Paul, ne l'a jamais vraiment écoutée.

Emilie a les traits fins, les cheveux lisses mi-longs, les yeux noisette. Avec son tempérament andalou, elle ne se laisse pas marcher sur les pieds. Pierre l'a vite compris. Il écoute le récit de la jeune femme, s'empêchant d'admirer les formes bien dessinées d'Emilie. De temps en temps, il jette un regard complice en direction de son fils Paul. C'est clair, il n'imagine pas les deux tourtereaux faire leur vie ensemble.

Emilie est dynamique, souriante, séduisante, a le décolleté généreux, mais elle est aussi méfiante ; elle n'a connu que peu d'hommes. En revanche, elle sait ce qu'elle veut. C'est une femme libre qui ne souhaite pas s'alourdir de bagages inutiles. Elle lit beaucoup, cite facilement Colette, adore les voyages, Cuba ou le Cambodge, et le vin bien sûr.

En plein monologue elle est interrompue par Paul qui propose d'aider sa mère à installer sa nouvelle imprimante : elle a essayé cet après-midi de la mettre en route, rien n'y a fait, celle-ci refuse délibérément de démarrer.

- J'en ai pour cinq minutes, dit-il à sa mère.

Emilie, inquiète de l'heure qui tourne, lui demande plutôt de remettre cette tâche à un autre moment.

- Vous savez Paul est très fort en informatique !

Mais oui, le fils prodige installe les imprimantes à vingt-trois heures chez ses parents, tout va bien. Il ne manquerait plus que le chirurgien submergé de testostérone commence une drague aussi lourdingue que pathétique.

- Et si on rentrait au salon, on serait plus confort non ? préconise Pierre.

Emilie a un petit sourire et répond en se mordant la langue :

- Avec le plus grand plaisir, Pierre. Je commence à avoir un peu froid. Quand la nuit tombe, il y a vite un petit air frais qui l'accompagne.

- Je vous offre un digestif, alors ? Un vieil armagnac, un cognac ? Ou tiens, là, un limoncello que ma femme a fait l'année dernière. Vous allez voir, ce n'est pas trop fort et super bon. Vous voulez un glaçon avec ? Pierre décide pour tout le monde, tout le temps. C'est confortable mais souvent très pénible, on voudrait parfois lui dire non par principe.

- C'est gentil, oui, avec un glaçon.

La musique de jazz en fond sonore la saoule, Emilie souhaiterait demander si elle peut allumer la télévision pour savoir qui a été éliminé, ce soir de Koh Lanta.

- Vous aimez le jazz ?

- J'en écoute parfois, ment-elle. Mais je préfère le rock, : The Cure, Yodelice, vous voyez ? Je n'accroche pas avec le Rap. Tant pis ! je passe à côté et vous ?

Pierre se rend compte du ridicule de la situation et de la tournure que prend cette conversation. Heureusement, c'est ce moment-là que choisit sa femme pour rentrer dans la pièce.

- Ton limoncello est extraordinaire, il est meilleur que celui que l'on a bu à Rome. Tu en veux, ma chérie ?

- C'est gentil, non merci ! Ce n'est rien à faire, il faut simplement de bons citrons bio.

- C'est excellent, et je suis sûre que ce n'est pas si simple. C'est quoi le secret ? demande Emilie.

- Il faut verser lentement l'alcool sur les zestes de citron, et pas l'inverse. Le secret, c'est simple : il faut goûter... tout le temps, quand on ajoute l'alcool, le sucre. Quand je le prépare, je finis toujours pompette presque carpette et toujours de bonne humeur.

Paul descend brusquement en demandant tout un tas d'identifiants et autres mots de passe à sa mère, car l'ordinateur familial a décidé de se rebiffer. « Tous les documents sont dans le tiroir en haut à droite. Attends, je t'accompagne mon chéri. »

Emilie se retrouve encore seule avec Pierre et décide de passer à l'offensive. Il est aussi prescripteur, se dit elle et de ce fait peut, éventuellement, introduire ses produits au sein de la clinique. Pierre est légèrement troublé lorsqu'Emilie quitte son fauteuil pour s'asseoir sur le canapé juste à côté de lui.

- Vous prescrivez des antibiotiques en post-op, sur des plaies ou des cicatrices embêtantes par exemple, et est-ce que vous avez des protocoles ?

- Oh, vous savez Emilie, à cette heure-ci je n'ai pas vraiment de protocole, dit-il en souriant. A présent il regarde Emilie droit dans les yeux. Toutefois si vous souhaitez m'en parler, vous pouvez passer à la clinique quand vous voulez et nous pourrons en discuter tranquillement.

Le changement d'attitude d'Emilie a fonctionné et Pierre a lancé l'invitation qu'Emilie espérait depuis six mois sans réussir à franchir le barrage des secrétaires.

Les médecins se protègent de tout et tout le monde, en particulier de l'industrie dont ils n'attendent plus grand chose. Ils n'ont « jamais le temps ».

La mère et le fils descendent l'escalier. Harassé par son combat contre l'imprimante récalcitrante mais fier de sa victoire, Paul dit en regardant son père « Ça marche ! ». Les félicitations ne venant pas, il consulte sa montre et avec un air surpris :

- Une heure du matin, je n'ai pas vu passer le temps. On va rentrer.

Le départ est non formel, dans la simplicité. Paul, qui a moins bu qu'Emilie, prend le volant. Petits signes de la main et la lumière des phares s'éloigne dans la nuit. Dans la voiture, les deux amants qui ne se sont pas beaucoup parlé ce soir commencent l'inévitable synthèse de la soirée. Que des compliments ... au début.

« On s'est régalé ! », « Ta mère est charmante ! ».

- Tu veux dire que mon père est chiant ?

- Non, pas du tout, en plus il m'a invitée à passer à la clinique quand je veux, c'est trop cool.

- Tu as parlé boulot avec mon père ce soir ? Tu sais la journée de travail qu'il a eue aujourd'hui ? C'est n'importe quoi !

- Ça va, il va s'en remettre.

Emilie, agacée par la tournure et le sujet de l'embrouille, anticipe et prend dans son sac à main un comprimé d'Imovane.

Quelques instants de flottement et les hostilités commencent. Une violente dispute éclate. En réalité sans motif précis. Peut être simplement que ce jeune couple en a besoin pour tester la solidité de son amour.

C'est à ce moment qu'un chevreuil coupe la route de la BMW. Grâce à un réflexe incroyable, Paul évite l'animal, mais ne peut redresser la course de sa voiture qui se dirige tout droit vers un chêne majestueux, massif. Le choc frontal serait fatal. Encore un coup de volant, Emilie hurle. Agrippée à sa ceinture de sécurité, elle la détache involontairement. Cette fois, Paul n'a plus de solution, sa voiture, qu'il ne contrôle plus, traverse la route, évite une petite palissade en bois, continue sa course en glissant dans le ravin hérissé de petits frênes qui viennent gifler l'auto. Paul sait qu'il doit lâcher le volant, mais il n'y arrive pas. Le premier choc violent surprend les deux jeunes gens par sa soudaineté et son ampleur.

Un bruit de tôle fracassée, de pare-brise décapsulé, de vitres pulvérisées. Un deuxième choc, presque simultané, vient du dessous de la voiture qui se plie littéralement sous l'impact du saut qu'a effectué la BMW qui dévale la pente abrupte et finit par heurter un rocher au bord de la petite rivière. La voiture s'immobilise enfin.

Une odeur d'huile chaude envahit l'atmosphère. Le sous-bois retrouve son silence.

Aux premières lueurs du matin, le froid réveille Paul. La rivière coule dans l'habitacle de la voiture posée sur le toit, côté rive gauche de la Briance.

Paul a mal partout, il a hurlé avant l'aube, il a appelé à l'aide, sans succès. Maintenant le jour se lève. Paul a sa main gauche libre. Grâce aux premiers rayons de soleil, il aperçoit son téléphone caché sous un morceau de tôle. Il doit pouvoir l'atteindre mais ne peut plus bouger ses jambes. Il s'étire au maximum, il est sauvé, il attrape son portable, il appelle les secours.

- Allô le 15 ? J'ai eu un accident ! Venez me chercher, je suis coincé sous ma voiture, à Solignac, après le pont, sur le bord de la rivière. Venez vite me chercher ! Paul finit sa phrase, en larmes, des trémolos dans la voix.

- Calmez -vous monsieur, on arrive, on vous envoie une équipe.

La communication est coupée.

Coincé dans la carcasse de sa voiture, immergé jusqu'aux genoux, Paul est seul. Emilie a disparu.

Chapitre 3 : La remontée.

Au volant de son 4X4, Jean quitte le ferry, le Pascal Paoli, vers huit heures. Il a un peu dormi sur un fauteuil dans le bateau et pris une douche rapide juste avant de débarquer, dans une cabine abandonnée par un touriste angoissé de retrouver sa voiture au plus vite.

Il décide de prendre la direction du nord, et après on verra. Jean n'a plus l'habitude de conduire sur les quatre voies à la sortie de Marseille. Les gens partent travailler, roulent moins vite que dans son souvenir, mais changent de file souvent et rapidement. Cela demande à Jean un effort de concentration, il relance un coup d'œil dans son rétro intérieur et voit cette voiture de location : la 2008 grise. Il croit l'avoir repérée sur le bateau. Est -ce la même ou pas ? Jean doit être prudent mais pas paranoïaque.

Il décide au dernier moment de tourner vers Montpellier. Coup de volant brutal ; deux voitures klaxonnent, plus de poursuivant possible dans les rétros. « Je vais donc rejoindre Paris par l'A20, ce n'est pas plus court, mais c'est plus sûr. » Personne ne peut imaginer qu'il passera par là. En plus, il n'est pas réellement pressé, personne ne l'attend à Paname, c'est pourquoi il prend son temps.

Pas de pointe de vitesse pour essayer sa nouvelle voiture, juste écouter les infos pour savoir si on parle de lui. Un attentat en Corse, un restaurant a sauté la nuit dernière, pas de victime à déclarer. Non rien de tout ça, tout le monde s'en fout.

Les gens se passionnent plus pour le tri des poubelles, c'est-à-dire l'enrichissement de Véolia. Un expert en écologie explique à la radio que si rien n'est fait, (c'est là où il est fort, l'expert !), nous allons avoir une irrémédiable modification de climat. Le journaliste n'écoute pas la réponse et enchaîne avec une autre question : pourquoi êtes-vous pessimiste ? L'expert, très calme, habitué des discussions stériles, répète son argumentaire et termine par ces mots : « Triez vos poubelles ».

Rires en plateau. Et maintenant le journal présenté par machin. Jean se dit que s'il avait su, il aurait travaillé au lycée et aurait fait expert à la radio. Et s'il avait eu de l'ambition, il aurait fait expert à la télévision.

Peu de voitures sur l'autoroute, Jean se sent bien, il y avait longtemps qu'il n'avait pas éprouvé cette sensation de liberté. Il pense à Marion, qu'il n'a même pas appelée. Est-elle inquiète ? Non, il n'y a pas de raison, chacun sa route après tout. Elle aurait pu appeler elle aussi. En fait, aucun appel ! C'est étrange d'ailleurs. Rien, pas de message. Rien. Jean ne manque à personne, ce n'est pas grave. Personne ne lui manque.

Il s'arrête boire un café. Il fera le plein de gasoil plus tard, il lui reste la moitié du réservoir. Jean cherche un peu de monnaie dans sa poche. Vu qu'il est parti avec la recette de son restaurant, que sa machine à carte est souvent défaillante et les chèques pas trop acceptés, il dispose d'une liasse de billets bien pliés dans la poche gauche de son jean mais pas de la moindre pièce. Jean achète une barre chocolatée comme un gamin qui fait une connerie, déguste ce bout de chocolat graisseux tout en se dirigeant vers la machine à café.

La pièce introduite, le précieux liquide coule mais sans gobelet. Pas très sûr de lui, Jean se retourne et tombe nez à nez avec le champion du monde des machines à café. Jean laisse sa place, l'autre, sûr de lui, insère la pièce, sélectionne son court serré, le gobelet tombe, le café coule. Satisfait, il s'éloigne, arrogant, prétentieux, sans un regard pour le looser. Jean, dubitatif, se dit qu'il ne peut pas toujours avoir de la chance.

Il retrouve son gros 4X4, démarre. En tournant la tête, il voit arriver la 2008 grise. Bien décidé à faire la lumière sur ce mystère, Jean ne peut noter la plaque d'immatriculation, masquée par une petite branche de noisetier, et à cause du soleil, il ne distingue pas le conducteur. Il se penche, se contorsionne, et là, Jean n'en croit pas ses yeux, il voit son cousin descendre calmement de sa Peugeot, et faire le plein d'essence.

Ni une ni deux, Jean démarre en trombe, roule déjà à plus de cent vingt km/h sur la voie d'accélération de l'autoroute se faufile entre un camion et une voiture pour prendre tout de suite la file de gauche. Ce n'est pas possible, réfléchit-il. Comment est-il possible que cet abruti soit dans la même station-service que lui ? Son crétin de cousin le retrouve, alors que lui-même ne sait pas où il va.

Jean roule vite, trop vite. Il se fait flasher par le radar fixe de Carcassonne. Il s'en moque, tant pis pour les points et l'amende. En ce moment il craint plus son cousin et son oncle Dominique.

Soit l'Espagne, soit Paris, le choix avec les panneaux bleus de l'autoroute. N'importe quoi, Jean ne parle pas espagnol, ce sera Paris, un point c'est tout, et le plus vite possible. Direction Toulouse, pas le temps de s'arrêter pisser, Jean sera à Paris ce soir.

A la radio, rien de neuf, rien sur lui aux informations de midi, Poutine devrait durcir le ton lors d'une conférence de presse, la Chine souhaite calmer le jeu, on rêve de nouvelles mesures gouvernementales pour aider les gens à consommer, les prix continuent de flamber, on devrait atteindre une inflation record en fin d'année, voyez-vous ça.

Mais Jean monte le son de la radio quand il entend « dans la nuit de jeudi à vendredi, un attentat non revendiqué en Corse a visé un établissement de plage qui a été plastiqué. Heureusement, on ne déplore aucune victime mais les dégâts matériels sont très importants, l'établissement a été complétement détruit par une charge explosive très puissante ».

Jean ne peut retenir un léger sourire. Il est assez fier de son coup mais pas très rassuré car si son cousin et Dumé sont inquiétants, Ange l'est bien davantage. C'est sûrement lui qui a appelé la presse, pour faire accélérer le remboursement par l'assurance. En gros, comme d'habitude, tout va bien.

Jean essaie de se projeter un peu. Que choisira-t-il ce soir ? Côte de bœuf/frites, une bouteille de Pessac rouge, ensuite un cocktail dans un speakeasy à République ? L'hôtel, il verra sur place.

La route défile, déjà plus de cinq heures qu'il roule, plus de 2008 dans les rétros, il va pouvoir faire le plein au sud de Limoges et se dégourdir les jambes dans la galerie marchande de la grande surface.

Il achète un sandwich, se balade, sourit aux jeunes femmes qu'il croise, curieux de tout et détendu. Il se remet de la raclée que les deux cons d'Ange lui ont mise.

Il s'installe à la terrasse d'un café dans la galerie, commande une blonde pression et mate les petits lots qui passent devant lui. Il repère une grande blonde, dans la quarantaine qui marche vite mais n'a pas de caddie. Jean se dit qu'il va tenter sa chance. Au moment où il décide de se lever, elle est en train de rattraper ses deux bambins qui courent devant elle. Jean souffle, se rassoit. Il va plutôt essayer d'aborder celle-là, une femme plus mûre, un peu enrobée avec des traits fins et délicats, des yeux pétillants. Jean le sent, ça peut le faire.

- Bonjour, excusez-moi de vous embêter mais je ne suis pas de la région et je souhaiterais la découvrir. Puis-je vous offrir un verre ?

Jean tire le siège en face de lui et propose à la belle inconnue de débuter une conversation.

- Bah, c'est gentil mon canard, mais je bosse ici et je commence mon service à quinze heures, et je suis déjà un peu en retard. En revanche si t'es dispo, je finis à vingt et une heure et t'es mignon, si tu veux ce soir j'te fais visiter ce que tu veux.

- Ce soir, je serai malheureusement parti, c'est ballot. Une autre fois peut être...

La serveuse part avec un rire franc et caverneux témoin de trente ans de tabagisme. Elle va saluer la patronne, enfile un tablier et fait un petit signe de la main en direction de Jean. Terminant sa bière, Jean continue encore un peu de mater mais soudain, derrière le couple de personnes âgées, surgit son cousin, sourire aux lèvres, fonçant droit sur lui.

Ne sachant comment réagir, Jean reste figé, sans réaction quand son cousin commande une pression et s'assied en face de lui.

- Alors abruti, qu'est-ce que tu fous ici ? lance le cousin.

- Ben et toi, qu'est-ce que tu veux ?

- Moi, c'est simple. Je te ramène à la maison où tu vas passer un sale quart d'heure.

- Mais je n'ai pas envie de te suivre, connard !

- Allons, allons, on se calme. Moi tu sais, je fais ce que l'on me dit de faire. Rien de personnel, même si je ne t'aime pas. Faire péter la pizzeria, ce n'était pas très cool. En revanche, la journée dans le maquis sans réseau, ça c'était plutôt malin. Quand je t'ai récupéré, j'ai juste eu le temps de louer une caisse. Sympa la 2008 ! Mais bon, ils n'ont rien à bouffer ici, j'ai une dalle !

- Ils doivent être contents, ils vont prendre les sous de l'assurance, Dominique garde son fric et vous, vous me foutez la paix.

Pendant que le cousin ricane niaisement, la serveuse se rapproche et leur demande s'ils souhaitent autre chose.

C'est la chance de Jean. L'employée, avec son léger embonpoint, bloque le cousin contre le mur. Jean fait basculer la table, voler les verres vides, le cousin et la serveuse. Celle-ci retombe sur le cousin.

Un attroupement se forme, Jean en profite pour courir aussi vite que possible en direction du magasin. Le cousin ne se presse pas car il sait qu'il a toujours l'avantage de la géolocalisation contact IPhone. Ce qu'il a oublié, c'est qu'il parle trop et que Jean se débarrasse de son portable, cadeau de son oncle Dominique, dans le premier caddie croisé dans une allée.

Il continue à courir en direction d'une sortie de secours et se dirige vers le parking.

Une espèce de minibus blanc, vitres teintées, s'est garé beaucoup trop près du côté conducteur et empêche Jean de monter dans son pick-up.

Du côté passager aussi, impossible de grimper. Une voiture s'est trop serrée ou c'est le ranger qui est trop large pour les parkings de grandes surfaces. Bref, impossible de partir tout de suite.

Le cousin arrive, il a repéré de loin le gros 4X4 noir. Il faut que Jean se casse au plus vite. Il décide de retourner dans la galerie marchande éliminer sa bière aux toilettes. Il suit les panneaux, tourne dans le petit passage sur sa droite et pousse la porte.

Un moine en larmes est concentré au-dessus de son urinoir. Habillé d'une coule noire à capuche, pas très pratique pour ce qu'il est en train de faire, cet homme a une miction dépassant la minute, alors que tous mammifères règlent le problème en vingt-deux secondes en moyenne. Jean s'approche du moine, entreprend son affaire et ne sachant comment réconforter le curé, lui dit :

- Mauvaise journée ? Moi, pareil. Bon ça va aller quand même ?

- Non, non. Ça ne va pas aller. Ma famille veut que je rentre dans les ordres débiles, et je n'ai pas le choix. C'est la merde. Je viens de Paris, du quatorzième arrondissement, ma famille est très riche et veut que je m'enferme dans une abbaye pour le reste de ma vie. Mais moi, je ne veux pas. Moi, au contraire, moi, ce que je veux, c'est voyager, découvrir le monde, vous voyez ? Et à quarante ans, je n'ai fait qu'obéir à leurs bondieuseries. J'en ai marre, il faut que ça s'arrête. Putain, je vais me foutre en l'air mais je n'en ai pas le courage. Je suis foutu.

- Waouh, c'est vache, et si vous vous barriez, là, maintenant ? Il se passerait quoi ?

- Ils me retrouveront et mon père me le fera payer cher.

- Et qu'est-ce que vous foutez dans les chiottes d'une grande surface ? D'ailleurs mon gars, tu peux ranger ton artillerie, je crois que tu as fini.

- Je ne suis pas tout seul : frère Lucien est passé me chercher à Vierzon, c'est lui qui conduit le minibus. Il y a aussi frère Christophe, frère Laurent, frère Stéphane qui ne parlent pas beaucoup. Frère Philippe est plutôt sympathique, et frère Franck est gourmand. C'est à cause de lui qu'on est là, il avait faim et il est parti acheter des gâteaux chocolat-noisettes, il en avait plus. Les autres en profitent pour faire un tour et moi je cherche une solution pour me casser.

- Attend mon gars, toi et ton équipe de curés, vous ne vous connaissez pas ?

- Ils n'ont jamais entendu le son de ma voix, je suis monté dans le minibus à l'arrière, à côté de frère Laurent il y a trois heures, j'ai bafouillé un bonjour en montant et puis j'ai mis ma capuche pour me concentrer sur mon suicide. Depuis, on roule vers l'abbaye de Solignac. Frère Frank a voulu faire quelques achats de bouffe avant notre arrivée, et on est là.

- Bon, mon pote, ton minibus il n'est pas blanc par hasard ? Et il n'est pas, par le plus grand des hasards, au fond à droite sur le parking ?

- Ben si, comment le sais-tu ?

- Ne t'inquiète pas. J'ai une solution, moins douloureuse que ton suicide et plus efficace, je t'explique : enlève tes fringues. Même taille, même poids. A poil, je te dis.

A ce moment-là un homme qui allait rentrer dans la pièce, fait demi-tour en baissant la tête.

- Allez mec, magne toi, on n'a pas toute la journée. Au fait, comment tu t'appelles ?

- Jean Pélissier, ils m'appellent frère Jean, et toi ?

- Tout pareil ma poule, frère Jean, c'est trop cool. On va échanger nos vies, pour sauver ce qu'il y a à sauver. Toi tu vas voyager, et moi me planquer quelque temps avec tes potes.

Les deux hommes éclatent d'un rire franc et généreux. Ils échangent jusqu'à leurs montres. Confier les clés de son cher pick-up est plus difficile, mais le jeu en vaut la chandelle. Jean va se mettre définitivement à l'abri de son cousin et de son oncle avec ses nouveaux amis.

- Dis m'en plus sur ta secte. Je peux partir quand je veux ? Il y a des messes, des trucs comme ça ?

- Bien sûr tu es libre ! En fait tu dépends de monseigneur Bozo, l'évêque de Limoges, mais tu t'en fous. Les Bénédictins ont racheté l'abbaye il y a une dizaine d'années et maintenant ils mettent une équipe pour faire tous les travaux. Tu en fais partie. Les Bénédictins, c'est l'ordre de Saint-Benoît. Ils cherchent à être le plus autonomes possible, ils font tout : le bricolage, le jardinage, pour ne dépendre que d'eux-mêmes.

- Bon d'accord, tu es prêt ? On va tenter une sortie. Au fait ? je ne t'ai pas dit, mon pick-up est garé juste à côté de ton minibus. Tu attends qu'on soit partis, sinon tu vas m'abimer ma portière. Tu vas avoir mon cousin sur le râble tout de suite, il ne va pas comprendre et va essayer de ne pas te lâcher. Tu montes, tu démarres, et tu le largues. Tu as compris ?

L'autre Jean acquiesce du menton et d'un léger clignement des yeux.

- Ah au fait, il y a plus de gasoil, faut faire le plein, bonne chance.

Les deux Jean se prennent dans les bras, s'enlacent comme deux vieux amis, partagent un regard complice. Ils finissent par se séparer.

- Le plus important Jean, écoute-moi bien ! Dans un an, jour pour jour, à seize heures, à cette même place de parking, on se retrouve. Tous les deux libres. Toi, tu rentreras de voyage et moi je serai invisible pour ma famille. Prend bien soin de toi et de mon pick-up… Je te le prête un an, n'oublie pas !

Le Corse sort de la grande surface, baisse sa capuche et s'approche du minibus. Son cousin est là, à l'avant du 4X4, bras croisés, pas réellement angoissé. Les curés aussi sont là, Jean en compte six, ils sont au complet. Le plus vieux, voyant arriver une de ses ouailles, commence à faire monter tout le monde par les portes qui s'ouvrent en glissière.

- Allez, zou ! On y va, tout le monde !

Jean monte à l'arrière, le grand qui s'assoit à côté du conducteur, c'est sûrement frère Christophe ; celui qui bouffe juste devant lui, c'est facile, c'est frère Franck ; et celui qui s'installe à côté, pas de son, pas d'image, ça doit être frère Laurent ; les autres : mystère ! Mais l'essentiel est de démarrer, Jean est à dix secondes du bonheur et de sa liberté. Alors frère Franck se retourne et lui demande : Qui es-tu ?

Chapitre 4 : Solignac.

C'est son week-end à Patrick, il attend ce moment avec impatience. Les champignons sont de sortie, tout le monde en parle. Lui, il connaît les coins, il va pouvoir en manger à volonté et se faire un peu de sous en vendant les plus beaux aux restaurateurs du coin.

C'est une force de la nature, un type vraiment costaud, plus d'un mètre quatre-vingt-cinq, presque cent kilos, c'est un ancien bûcheron qui a perdu son boulot à cause de la crise. Depuis il gagne sa vie en faisant du bricolage et du jardinage chez des particuliers, quelques familles du coin. Il est payé en chèques emploi-services, et touche aussi l'allocation d'adulte handicapé de sa sœur polyhandicapée dont il avait la charge. Malheureusement celle-ci a été hospitalisée chez les fous en juin. Elle lui manque.

Au lever du jour, pour être le premier dans les bois, Patrick s'équipe de ses bottes, de son pantalon kaki de chasse, de sa veste et de son panier. Il traverse le pont et prend tout de suite sur la droite, le long de la rivière.

Il commence par escalader le petit talus à gauche, le nez au sol, soulevant de son bâton les feuilles mortes. Il avance, confiant en sa chance. On a eu un été chaud, les cèpes vont pousser dans les endroits les plus humides. Patrick avance de façon très méthodique, un pas après l'autre, il trouve le premier magnifique petit cèpe à tête noire, superbe, puis un deuxième juste à côté. Pas de doute, c'est son jour.

Il avance encore de quatre pas et aperçoit le plus gros dans un roncier. Patrick plonge, se griffe et le cueille. Il nettoie ces trésors au fur et à mesure qu'il les ramasse, en grattant au couteau le pied du cèpe et ainsi utilise les épluchures comme des semis. Il paraît que ça ne sert à rien, mais on ne sait jamais.

Il marche encore un peu et voit une branche de chêne brisée net. L'herbe à cet endroit est couchée. Il lève un peu les yeux et devine sous un bouquet de fougères pliées en deux le corps d'une femme allongée sur le dos.

Patrick s'affole, que faire ? Est-elle morte ? Patrick s'agenouille, essaie de se calmer. Il observe de près la jeune femme. La joue posée sur de la mousse, le blouson ouvert sur un chemisier blanc taché de quelques gouttes de sang, le pantalon beige déchiré à la cuisse, elle respire. Doucement mais elle respire. Patrick est déjà un peu rassuré.

Puis il pense aux séries américaines qu'il regarde en boucle le soir : que ferait le docteur House ? Machinalement Patrick colle une magistrale baffe à la jeune fille qui ne montre aucune réaction. Mauvais signe, il recommence, toujours rien.

- Madame, madame, ça va ? lui demande-t-il tout en lui tapotant la main.

Alors ça, c'est con ! se dit Patrick. Non, ça ne va pas ! Tu vois bien qu'elle ne va pas bien, cette pauvre femme. Faut vraiment être le dernier des imbéciles pour poser ce genre de questions.

Fini de réfléchir, il faut agir. Sa décision est prise. Patrick prend le sac à main en cuir noir accroché à une branche un peu plus haut, au-dessus de sa tête. Ensuite, il place une main sous le bras de la jeune femme, le sac et le panier de champignons sur le ventre de celle-ci, l'autre main sous les genoux, puis soulève le tout avec délicatesse et légèreté, sans forcer. Il quitte le bois au pas de course, et en moins de cinq minutes il est chez lui.

Personne ne l'a vu, il ouvre difficilement sa porte d'entrée, pose avec la plus grande douceur la jeune femme sur la table de la cuisine, jette un coup d'œil à gauche puis à droite, comme s'il pouvait être suivi, et referme sa porte qui le sépare du monde extérieur. Patrick est en sécurité. Il regarde par la fenêtre, la rue est encore déserte à cette heure-ci.

Au loin il entend la sirène des pompiers qui se rapproche puis s'éloigne. Patrick ne comprend pas. Est-ce qu'ils viennent pour elle, et si oui, comment a-t-elle fait pour appeler les secours ? Elle était complétement dans les vapes.

« Maintenant je suis dans la merde ! Direct ! Si les pompiers ne trouvent personne, ça va les agacer. Mais qu'est-ce qu'elle foutait dans les bois cette cruche ? » Patrick reprend la jeune femme dans ses bras et l'emporte dans la chambre de sa sœur, la dépose sur le lit douillet, positionne sa tête sur l'oreiller et lui allonge les jambes après lui avoir retiré son blouson et ses chaussures.

Il prend le temps d'installer confortablement la jolie jeune femme, comme il l'aurait fait avec sa sœur, et de la recouvrir d'une couette. En sortant de la chambre, comme par réflexe ou par habitude, il tourne la clef.

Patrick reprend sa veste et sort pour aller voir ce que font les pompiers. Il descend la rue Des Remparts et aperçoit les gendarmes à l'entrée du pont. Les pompiers sont dans le bois. De là où se trouve Patrick, il ne distingue pas bien ce qui se passe. L'air de rien, Patrick se rapproche, il connaît bien un des gendarmes assis dans le fourgon.

- Ça va Patrick ? demande celui-ci en le voyant arriver. Tu vas aux champignons sans pochon ?

Patrick comprend très vite qu'il s'est piégé tout seul.

- Tu crois que ça pousse ? J'irai tout à l'heure. Si j'en trouve, je t'en ramène.

Tout en continuant de se rapprocher, il dit à son copain : « J'ai entendu les pompiers et je viens voir un peu par curiosité ce qui se passe. »

- Ce n'est rien, dit l'autre. C'est le fils du docteur qui s'est cassé la gueule en bagnole, on est en train de le sortir de l'eau.

- Il va bien quand même, le gamin ?

- Ben moyen, une jambe cassée je crois, et des bricoles à gauche à droite. Il va s'en sortir. Il est un peu coincé sous la BMW, ça prend un peu de temps pour le sortir de là-dessous, et le SAMU est là aussi, même ses parents qui sont descendus. T'aurais vu le bordel, tout à l'heure ! En revanche, on cherche sa copine, le docteur veut porter plainte contre elle pour délit de fuite, et non-assistance à personne en danger. Elle s'est barrée en laissant son mec inconscient dans la flotte. Ça craint non ? Enfin les jeunes aujourd'hui, faut se les faire !

Le gendarme se met à rire, rire non partagé par Patrick qui vient de faire le lien entre l'accident et la jeune femme.

Complètement perdu, Patrick entame la remontée vers chez lui. Au début à pas lents puis de plus en plus rapides, comme s'il était devant une urgence. Il ne sait que penser. La pauvre fille, elle n'a rien demandé à personne et l'autre con ne va pas la lâcher.

Il le connait un peu, le docteur. Il a travaillé un temps pour lui, puis s'est fait remplacer par une grosse entreprise parcs et jardins de Limoges. Il a un fichu caractère le docteur. Et plein de relations. Avec des juges, des avocats. Ça ne sent pas bon tout ça, vraiment pas bon. Il faut qu'il rentre.

Arrivé devant la porte de la chambre, Patrick, ne sait toujours pas quelle attitude adopter, il va improviser.

Il tourne la clé, entre sans faire de bruit, arrive à côté de la jeune femme et regarde le tissu de la chemise sur sa poitrine bouger, lentement, régulièrement. Elle respire toujours. Elle est en vie.

Patrick lui pose la main sur le front, il la trouve un peu chaude. Elle doit avoir un peu de fièvre. Il lui caresse délicatement les cheveux vers l'arrière, comme il le faisait avec sa sœur. Il soulève la couette et regarde le corps de la jeune femme. Il lui prend la main puis le bras, la manipulant comme à la télévision. Il fait le tour du lit, refait la même chose de l'autre côté, il a tellement soigné sa sœur que depuis qu'elle est partie chez les fous, le fait de jouer au docteur lui manque.

Hormis les ecchymoses un peu partout sur le corps, il ne voit rien de cassé : à part un bel hématome au coude, une plaie à la cuisse et un peu de fièvre, sa nouvelle colocataire va presque bien.

En ressortant de la chambre, Patrick a toujours le réflexe de tourner la clef. Ce n'est pas grave elle dort, il va pouvoir fouiller dans son sac, et savoir comment s'appelle cette jolie jeune femme. Comme un trésor interdit, il attrape le sac, le pose sur la table de la cuisine et commence l'inventaire.

Pour faire durer le plaisir, il se sert un expresso sans sucre. Quand le café se met à couler, la machine fait un bruit effroyable ; il essaie de l'interrompre mais ne sait comment faire. Elle s'arrête toute seule. Il tourne la tête en direction de la chambre mais n'entend aucun bruit. A l'avenir il essayera d'être plus discret.

Il retourne le sac sur la table : un portemonnaie, un portefeuille (à l'intérieur son permis de conduire). N'y tenant plus, comme un gamin ouvrant ses cadeaux de Noël, Patrick veut mettre une identité sur cette jeune femme. Elle s'appelle Emilie Dubreuil, est née le dix février mille neuf cent quatre-vingt-dix à Bordeaux.

Enfin il peut mettre un prénom sur ce visage. Il recule sur sa chaise, avec un sourire de satisfaction, il ne sait pas vraiment pourquoi mais à ce moment-là Patrick est heureux.

Il continue, pour la forme, à explorer les affaires d'Emilie. Un échantillon de maquillage, un rimmel et un gloss. On trouve aussi du parfum : La Petite Robe Noire de Guerlain, des lunettes de soleil, des mouchoirs en papier, des bonbons menthe extra forte, deux tickets d'achats en boule à jeter mais qui traînent, des clefs, un stylo publicitaire, un miroir de poche. On comprend alors pourquoi les filles ont besoin de place dans leur sac à main.

Dans la petite poche intérieure : un nécessaire de couture, un pansement, une plaquette d'Imovane et de pilule contraceptive ainsi que quatre gélules de Doliprane ... Un téléphone portable éteint.

Patrick sort la carte d'identité d'Emilie, observe sa photo et ne peut retenir un léger sourire, il la trouve émouvante. Sur le cliché elle doit avoir tout juste vingt ans, un regard perçant et une mèche rebelle qui lui couvre le front.

Petit à petit Patrick se familiarise avec son invitée, il apprend à la connaitre, il imagine sa vie. Il sort une carte professionnelle Arval, loueur de véhicule, une Peugeot 3008, au nom du laboratoire Sanofi. Tiens, se dit-il, une vendeuse de médocs.

Il regarde au-dessus de la porte et constate à l'horloge qu'il est déjà dix heures. C'est l'heure de jouer au docteur. Avec sa sœur, Patrick avait l'habitude, il a tout le matériel nécessaire dans son armoire à pharmacie. Il va soigner Emilie seul.

Il commence par la déshabiller complétement puis avec un gant et de l'eau tiède il la débarbouille grossièrement et l'essuie avec une serviette propre.

Il sort l'antiseptique, la compresse stérile, se lave vigoureusement les mains. Il commence par désinfecter les petites lésions disséminées sur son corps puis la plaie plus profonde sur la cuisse, du centre vers l'extérieur. Il pose les Steri-Strip, en appliquant les bandelettes perpendiculairement à la blessure, de manière à rapprocher les bords de la plaie.

La cuisse, c'est fait ! A présent le coude. Il désinfecte avec l'antiseptique, va chercher des glaçons, c'est sûrement un peu tard mais quand c'est enflé, on met des glaçons. Il surélève le coude à l'aide d'un gros oreiller et presse la poche de glace sur l'articulation.

Pour le Doliprane il ne sait pas comment faire, il se dit ma foi, tant qu'elle dort elle n'a pas mal.

Il n'y a plus qu'à rhabiller la jeune femme avec une nouvelle chemise et quand ses sous-vêtements seront propres et secs, elle pourra les remettre.

Voilà, Patrick est content du résultat.

Quand elle ira mieux, elle pourra prendre une bonne douche, voire un bon bain bien bouillant.

Patrick est heureux car désormais il n'est plus tout seul.

Chapitre 5 : Le nouveau monde.

La chaleur dans le mini- bus est devenue intenable. Avec des tenues peu adaptées pour la saison, ils transpirent comme des cochons et se demandent si frère Lucien a bien allumé la climatisation à l'intérieur du mini-bus.

- C'est-à-dire ? Répond Jean spontanément au frère Franck qui a décidé de ne pas le lâcher.

- Eh bien c'est simple comme question, qui es-tu ? Tu viens d'où ? Quel âge as-tu ? Quels sont tes compétences ? Tout quoi !

Frère Lucien pile brutalement au « cédez le passage » à la sortie du parking de la grande surface. L'ensemble de l'équipe plonge en avant sauf frère Christophe qui s'écrase sur le tableau de bord malgré sa ceinture de sécurité.

- Eh ! faites gaffe, frère Lucien, vous allez tous nous envoyer vers notre créateur prématurément, s'esclaffe Philippe. Personnellement je ne l'ai pas prévu pour aujourd'hui.

Frère Lucien, voulant se justifier, se retourne et regarde chacun avec une certaine gêne. Malheureusement le rouge lui monte aux joues et envahit ses oreilles, ce qui accroît son embarras. Il regarde le MacDonald sur sa droite, et se reconcentre sur sa conduite en lâchant à voix basse :

- Je n'allais tout de même pas l'écraser ce pauvre vieux.

Ils redémarrent doucement, la boite automatique du véhicule lui permet une conduite douce et progressive, et après une forte accélération, frère Lucien atteint enfin les cinquante kilomètres heure. Le silence dans l'habitacle est brisé par frère Franck, qui ouvre son paquet de gâteau. Il attaque sérieusement son cinquième quand il se rend compte qu'il est le seul à faire du bruit.

Il se retourne vers frère Jean et lui en propose un. Ce dernier refuse poliment voyant l'état des doigts et du museau de frère Franck, pleins de chocolat. Frère Jean laisse flotter son regard à travers la vitre, il n'a pas vu Jean, son acolyte, partir avec son pick-up. Pourvu qu'il ait réussi ! Il le trouve sympathique ce curé, il l'imagine assis à sa place en ce moment, à l'arrière de ce mini-bus. Est-ce qu'il aurait accepté le gâteau au chocolat fondu tendu par frère Franck ? Qu'aurait-il répondu quand il lui a demandé qui il était ?

Jean se dit : « En fait c'est simple : je suis frère Jean, Parisien et cuisinier ». L'idée le fait sourire.

Frère Lucien tourne sur sa droite, la route se rétrécit, ils continuent leur descente à un rythme d'escargot.

- On arrive dans trois minutes, vous allez voir pour ceux qui ne connaissent pas, le village est très joli.

L'arrivée sous le pont de chemin de fer n'est pas du plus grand chic. On enchaîne avec le garage automobile où toutes les voitures sont éparpillées de chaque côté de la route, on est même surpris de trouver un passage entre toutes les carcasses entreposées.

Un panneau indique que nous ne sommes pas prioritaires. De fait, une voiture qui monte nous fait bien comprendre qu'on la ralentit en s'engageant à vive allure au niveau du deuxième rétrécissement. Le conducteur nous signifie par un magnifique doigt d'honneur la bienvenue dans ce très joli village médiéval. Le mini-bus contourne l'abbatiale par l'arrière gauche et arrive face à un grand portail vert.

Frère Lucien sort un trousseau de clefs impressionnant de la boîte à gants, il descend en cherchant la bonne clef. Après trois essais infructueux, la porte finit par s'ouvrir. L'auto pénètre dans l'enceinte de l'abbaye, se gare devant un bâtiment gigantesque de deux étages dont la façade présente une quarantaine de fenêtres. Un perron double au centre composé d'une dizaine de marches accueille les six nouveaux habitants.

- Nous sommes enfin arrivés, nous nous trouvons sur la grande terrasse sud à l'arrière de l'abbaye. Ne soyez pas impressionnés, vous serez un peu perdus au-début. C'est normal, c'est immense. Ah, vous avez pris vos affaires dans le coffre. Attendez, je vous ouvre. C'est déjà ouvert. Vous êtes tous prêts, suivez-moi !

Il ouvre la grande porte marron vieillie par le temps, la referme aussitôt après que tous les moines sont entrés.

- Vous êtes à présent chez vous et je vais vous présenter à l'abbé André.

Ils traversent un hall, empruntent un long couloir, ressortent dans ce qui doit être le cloître, tournent à gauche, remontent quelques marches, arrivent au niveau d'une petite terrasse et, sous un cèdre majestueux, ils voient l'abbé André assis sur un banc.

Il se lève doucement, referme sa bible et se dirige vers le groupe de moines nouvellement arrivé.

- Je suis l'abbé André. Appelez-moi « Mon père » ou « Père André » ; j'espère que vous avez fait bonne route, je vois que tout le monde est là. Je n'en doutais pas, dit-il, rassuré. Frère Luc vous a préparé de quoi vous désaltérer si vous le souhaitez. Sinon frère Lucien va vous montrer vos chambres. On se retrouve de toute façon après les Vêpres et le Salut, vers dix-huit heures trente. Je vous dis donc à tout à l'heure.

Notre équipe, crevant de chaud, préfère aller prendre une douche et se changer, passer des vêtements plus adaptés pour la saison. C'est toujours en compagnie de frère Lucien que chacun trouve sa cellule.

On peut dire que ce sont des chambres fonctionnelles, meublées d'un lit, d'une table de nuit, d'une table et d'une chaise sur laquelle se trouve un scapulaire propre. Une fenêtre immense domine la pièce mais celle-ci, d'après frère Lucien, ne s'ouvre plus depuis quelques années.

Toutes les chambres sont identiques avec une exposition plein ouest. On peut déjà imaginer, au-dessus de la petite cour de l'école communale, le futur coucher de soleil.

Jean n'est pas très à l'aise, il se dirige vers les douches communes accompagné de frère Philippe et de frère Laurent. L'eau coule avec un bon débit mais reste désespérément froide. Frère Philippe fait remarquer le bonheur que c'est de prendre une douche fraîche l'été. Il faudra s'en souvenir cet hiver.

De retour dans sa cellule, Jean pose sa serviette et ses quelques affaires sur la petite table puis reste assis sur le bord du lit quelques minutes. Il se demande s'il n'a pas fait la plus belle connerie de sa vie. Tout en passant sa nouvelle tenue tout en noir, Jean repense au nombre incroyable de clés de Frère Lucien. Ça l'a beaucoup impressionné. Est-ce une prison ? Si c'est le cas il faut se barrer tout de suite. Sinon il faut garder son calme et faire ce qu'on lui demandera de faire. Ce n'est pas plus compliqué que ça.

Jean descend dans le cloître et comme à l'hôtel, pense trouver la réception pour connaître la suite du programme. Ici pas de desk, ni de concierge. Perdu, il se dirige naturellement vers l'abbatiale. Il sort côté nord par le grand portail noir qui est ouvert. Face à lui, un bar ; à sa droite, le parvis de l'abbatiale. C'est cool, on trouve toujours un bar à proximité des églises.

Jean hésite et finalement se dirige vers le porche. Il entre lentement, silencieusement, descend les marches. Sa vision s'accommode au mieux à la différence de luminosité, il arrive au narthex et aperçoit au loin un attroupement d'une dizaine de personnes. En s'approchant, Jean commence à entendre des murmures, puis de plus en plus clairement, le son d'une voix, la même que tout à l'heure. Père André a commencé son discours d'introduction.

- Ah ! Frère Jean, te voilà ! Je te présente les quatre frères de la communauté bénédictine Saint Joseph de Clairval, arrivés l'année dernière, que tu n'as pas encore rencontrés. Vous aurez largement le temps de faire connaissance plus tard. Maintenant nous pouvons commencer.

Jean reconnaît frère Lucien à côté du curé, devant l'autel principal. Son équipe le salue d'un geste de la main, Jean répond d'un léger signe de tête.

- Vous êtes des moines bénédictins, commence le curé. Des moines observant la règle de Saint-Benoît, « *ora et labora* » (prie et travaille), celle-là même adoptée dès le IXe siècle. Vous êtes des hommes qui croient en Dieu, qui se savent aimés de lui et qui se consacrent à lui. Votre règle de vie prévoit sept prières par jour, ce qui nécessite un cadre de vie qui privilégie le calme et la sérénité. Nous vous accueillons dans notre abbaye de Solignac fondée en six-cent-trente et un par Saint-Eloi à la demande du roi Dagobert premier. Selon la légende, Saint Éloi serait monté sur un rocher sur les « hauteurs » de Solignac (ce rocher se nomme d'ailleurs le rocher Saint Éloi). De là, il aurait lancé un marteau. À l'endroit où le marteau serait tombé, il aurait fondé l'abbaye. Après les complies vous garderez le silence jusqu'à la messe conventionnelle à neuf heures trente. Pour rappel vous avez les vigies à cinq heures quinze demain matin. Pour l'intendance voyez avec frère Lucien, c'est son travail.

Jean se dit qu'il n'a pas le niveau et les connaissances qui vont avec. Il va se faire démasquer, il court à la catastrophe. Frère Philippe voit dans les yeux de Jean toute sa détresse. Il lui tape sur l'épaule et lui fait signe de sortir sur le parvis.

- Une petite mousse frère Jean, c'est moi qui régale.
- C'est exactement ce dont j'ai besoin.

Jean s'arrête, se tourne vers son nouveau meilleur ami, et lui demande comme un enfant à son oncle :

- Mais, on a le droit ?

- Je pense, oui. Sais-tu qu'au temps jadis, les moines bénédictins ne buvaient que du vin ou de la bière. Ça les aidait dans leur quête de spiritualité. Sourire partagé des deux complices qui sifflent leurs verres d'une traite, comme s'ils savaient déjà que ce serait peut-être le dernier.

Les deux hommes sont invités par le patron du petit bar qu'ils remercient chaleureusement. Ce geste ne fait pas l'unanimité parmi sa clientèle. En effet, l'arrivée des moines divise. C'est un sujet qui fâche : certains sont pour, d'autres contre, tous ont un avis mais pas forcément de solutions. Parmi les trois projets proposés au diocèse de Limoges, c'est finalement celui d'essaimage des moines bénédictins Saint Joseph de Clairval à Flavigny qui l'a emporté.

- Moi, les curés, moins je les vois, mieux je me porte, dit le vieil homme accoudé au comptoir. Ce n'est pas eux qui vont faire tourner ta boutique, ça c'est sûr. Et toi tu leurs paies un coup en plus, c'est dingue.

Le patron du bar lui ressort patiemment l'argumentaire bien rodé par les partisans des Bénédictins.

- C'est toi qui vas payer pour entretenir le domaine ? Tu sais de quoi on parle ? C'est 10.000 m2 de surface de bâtiments et 6 hectares de terrain au centre du village. Ça menace de s'écrouler. Et les 4.000 m2 de toitures, c'est toi qui vas-y grimper ? Et les 250 fenêtres à changer ? Tu vas choisir la couleur ? Allez, ça va bien vos conneries, finis ton verre que je te resserve, c'est pour moi.

Chapitre 6 : La descente.

Dans son petit jardin, à l'arrière de sa maison, Patrick étend son linge ainsi que celui d'Emilie. Tout sera sec avant ce soir si le temps ne tourne pas à l'orage. Il s'arrête au potager, regarde consciencieusement chaque petite parcelle cultivée, se penche sur les haricots verts qu'il n'a pas eu le temps de ramasser ce matin ; il doit impérativement le faire demain à la fraîche sinon ils seront moins bons.

Il se décide à déterrer quatre pommes de terre et se demande si Emilie souhaitera manger avec lui ou dans sa chambre. On verra bien. Il cueille deux belles tomates pour ce soir. De retour dans la maison, il se dirige vers la cuisine, pose sa cueillette à côté de l'évier quand un cri soudain, d'une violence incroyable, envahit toute la maison.

Patrick laisse échapper les tomates qui roulent sous la table. Le cri vient de la chambre. Patrick se met à quatre pattes, ramasse les fruits, s'essuie les mains sur le devant de son pantalon. Les hurlements incessants d'Emilie lui font penser aux moments difficiles qu'il a partagés avec sa sœur. A l'époque, il savait les gérer.

L'intensité des cris baisse peu à peu puis c'est le silence. Patrick, planté dans le couloir, colle son oreille contre la porte de la chambre. Emilie doit être en train de préparer la deuxième vague, c'est le moment que choisit Patrick pour intervenir.

Il tourne la clef rapidement et avance de deux grands pas, conscient de son physique impressionnant. Cette technique fonctionnait toujours avec sa sœur. Mais pas cette fois. Emilie, comme une furie, oubliant la douleur de sa jambe et son coude en bandoulière, saute du lit et se jette sur Patrick. Il la réceptionne dans ses bras, évite par des mouvements de tête les coups d'Emilie, la dépose délicatement sur le lit, comme il l'a fait ce matin, en douceur.

Emilie se remet à crier, toujours sans prononcer la moindre phrase ; elle se débat avec son poing, ses pieds, tout son corps et frappe tant qu'elle peut. Elle essaie de se libérer des bras puissants et protecteurs de Patrick qui la maintient plaquée par les épaules sur le lit.

Dans la bagarre, Emilie se trouve légèrement dénudée, un sein apparaît et les premiers poils pubiens sont découverts. Patrick tire vers le bas la chemise trop grande et recouvre ainsi l'intimité dévoilée d'Emilie. Incroyablement violente, Emilie frappe cependant de moins en moins fort. Les larmes coulent abondamment sur son visage, elle se tourne sur l'oreiller, comme un gibier pris au piège. Elle capitule. Après un silence bienfaiteur pour tous les deux, Emilie se redresse, regarde Patrick dans les yeux et d'une voix inquiétante demande :

- Vous êtes qui ? Qu'est-ce que vous me voulez ? Et je suis où d'abord ?

- Je peux vous relâcher Emilie ? vous n'allez pas me mordre ? sourit-il, en retirant son bras du torse de la jeune fille. Vous avez dormi longtemps, dites donc, vous étiez fatiguée ?

- J'ai eu un accident de voiture avec mon copain. Mais comment vous connaissez mon nom d'abord ? Moi je ne vous connais pas, on ne s'est jamais vu.

Les larmes s'apaisent, son discours est plus fluide, elle s'essuie les joues avec la manche de sa chemise, regarde le bandage défait de son coude, retrouve la dignité qu'elle n'a pas perdue. Trop de questions en même temps, elle attend des réponses.

- Je m'appelle Patrick, tu es à Solignac, chez moi. Ce matin à l'aube, je t'ai trouvée dans les bois. Tu étais inconsciente. Je t'ai soignée et te voilà, toute belle et reposée.

Patrick se lève du lit assez content du résumé qu'il vient de faire de la situation. Il pense, à tort, que l'histoire peut en rester là.

- Mais c'est n'importe quoi, dit Emilie. Il faut que j'aille à l'hôpital passer des examens, passer un scanner, faire une prise de sang... Il faut que j'appelle Paul.

Au même moment, elle se lève et se dirige vers la porte pour chercher un téléphone. Patrick s'interpose.

- Non. Ce n'est pas possible, lui dit-il. Votre beau-père a porté plainte contre vous ce matin. Je le sais, je suis copain avec un gendarme, c'est lui qui me l'a dit.

- C'est quoi encore ce truc, plainte contre moi, mais pourquoi ?

- Non-assistance à personne en danger. Et puis aussi, je crois, un truc comme délit de fuite.

- Non mais je rêve, c'est un cauchemar, je vais me réveiller.

- Tu peux, avec ce que tu as dormi.

- Il se fout de ma gueule, en plus, le péquenaud, allez, ça va bien. Dégage. Je rentre chez moi.

Patrick la saisit par le bras. Si elle sort, c'est lui qui va avoir des ennuis, il connaît bien le docteur. Si son fils ne récupère pas très vite, et s'il apprend que c'est le bûcheron qui a déconné, alors la plainte va se retourner contre lui pour séquestration abusive ou un truc comme ça. C'est sûr, maintenant Patrick est coincé.

- Je veux téléphoner à Paul, maintenant ! Sinon je vais péter un câble.

Les yeux vers le sol, Patrick sait qu'il ne peut pas libérer Emilie tout de suite. Il lui faut du temps, il faut qu'il réfléchisse. Emilie voit le changement d'attitude de Patrick, elle commence à prendre peur, cherche à se débattre tout en l'insultant, elle le frappe mais rien n'y fait.

Patrick a perdu son sourire. Il tourne Emilie, la prend de dos en lui bloquant les bras, mais cette fois-ci, il la serre fort contre lui, comme pour l'étouffer, lui faire mal. Il la décolle du sol et la porte. Emilie est tétanisée. A présent, elle ne se débat plus, elle murmure avec des trémolos dans la voix des « Non ! Non ! Non ! » Des larmes apparaissent au coin de ses yeux déjà rougis.

Elle comprend ce qui est en train de se jouer à cet instant : sa vie. Au même instant les cloches de l'église sonnent à la volée la fin de la messe stoppant instantanément Patrick dans son élan. Il y voit un signe, il ne se connaissait pas ce côté mystique. Sa sœur adorait entendre les cloches sonner, ça lui procurait énormément de calme et de paix. Dans un silence revenu et partagé, il se retourne, repose la jeune femme sur le lit, et sans un mot referme la porte à clé. Emilie est terrifiée, anesthésiée par ce qu'elle vient de vivre. Figée, elle s'assoit. Appuyée contre la tête de lit, les genoux enlacés, elle fixe la porte de la chambre souhaitant qu'elle ne s'ouvre plus jamais.

Elle commence à se détendre en repensant à ces folles dernières heures. Le dîner plutôt sympa chez les futurs ex-beaux-parents, l'engueulade avec Paul, l'accident, où elle a passé une partie de la nuit à crier à l'aide sans que personne ne l'entende. Incapable de bouger dans la nuit noire du sous-bois, elle finit par s'endormir avant de se réveiller chez l'autre Hulk à moitié timbré.

Des bruits venant du couloir se font entendre, comme le frottement d'un meuble que l'on déplace. Un objet tombe au sol, suivi immédiatement par un juron. Une porte grince. Quelqu'un monte ou descend des marches, puis le silence à nouveau. Après quelques minutes, encore le bruit dans l'escalier, la porte qui grince, des pas, suivis par le silence.

Emilie, curieuse, est à l'affût du moindre son, mais n'entend rien jusqu'à ce que le clocher sonne un coup. Emilie sursaute, à la fois surprise et rassurée d'entendre le monde extérieur. Elle décide de se lever et de coller son oreille à la porte de la chambre : toujours rien.

Les minutes passent, puis les pieds d'une chaise raclent le sol. Encore des pas dans le couloir. Emilie se recule de façon automatique, les yeux fixés sur la serrure, son cœur se met à battre plus vite, des larmes arrivent inexorablement sur ses joues, elle s'appuie contre le lit, les jambes flageolantes.

Pas plus rapides dans le couloir, bruit de serrure, la porte s'ouvre. Patrick apparaît, plus costaud que dans son souvenir. Le bûcheron fonce droit sur Emilie, la bascule sur son épaule. Elle n'a pas le temps de réagir. Patrick sort de la chambre, et s'engouffre dans un couloir obscur. Ils descendent la vingtaine de marches qui mènent au sous-sol. Emilie voit son dernier moment arriver. Encore quelques pas, et ils se trouvent devant une lourde porte. Patrick enclenche le petit boîtier sur sa gauche, un voyant vert s'allume et la porte s'ouvre.

Il entre dans la pièce et dépose Emilie au sol. La porte se referme automatiquement, sans bruit. Seul un léger clic indique sa fermeture.

- Bienvenue chez ma sœur ! C'est ici que je la gardais quand elle était avec moi. Tu vas voir, tu as tout ce qu'il te faut. Regarde, c'est complètement insonorisé, c'est pour quand elle criait. Tu as un réfrigérateur, je l'ai rebranché ce matin, il marche. Je t'ai même mis des bières dedans si tu veux. Là tu as des bandes dessinées et des bouquins. Bon, ils sont vieux et pas terribles, si tu en veux d'autres, j'irai t'en acheter. Le lit est super confort, des fois quand il fait trop chaud en haut, je dors ici.

Pendant que Patrick lui fait la visite du studio enterré, Emilie est stupéfaite par la bêtise de ce type.

- Tu ne crois quand même pas que je vais rester là toute ma vie, t'es complètement con ou quoi ?
- Non, bien-sûr dit-il, c'est simplement le temps qu'on trouve un compromis. C'est l'affaire de quelques semaines. Pas plus.
- Quelques semaines, mais il ne va pas bien ce type ! Allez, laisse-moi sortir, on oublie ça ! tente Emilie en adoucissant le son de sa voix. On en reste là, tu m'oublies, je t'oublie. Bref on s'oublie, et tout va bien.

Content de lui, Patrick sort une télécommande de sa poche, appuie sur un des boutons et la porte s'ouvre. Emilie se précipite mais elle est vite retenue par Patrick qui la projette sur son nouveau lit.

- Tu vas voir, on va être bien ici tous les deux.

Patrick sort du studio, la porte se referme.

Chapitre 7 : Le trésor.

En sortant du réfectoire, frère Jean porte déjà la coule pour la dernière prière de l'office divin. On la récite le soir avant le coucher, c'est la prière d'abandon et de confiance. « En rentrant dans le sommeil de la nuit, nous nous confions corps, âme et esprit à Dieu jusqu'au matin ». Il se dirige vers l'abbatiale en passant par l'infirmerie, c'est plus court. Les complies, après l'introduction, se déroulent comme suit : l'hymne, l'antienne et le psaume, la parole de Dieu, le répons : « En tes mains, Seigneur, je remets mon esprit. » Le cantique évangélique de Syméon, puis l'oraison qui se termine par une bénédiction. Déjà vingt et une heures trente, Jean est épuisé. Machinalement il souhaite une bonne nuit à frère Philippe, repris immédiatement par un : « Chut !!!!» magistral de frère Lucien. En mode zombi, dans sa chambre, sans se déshabiller, Jean dort comme un bébé.

Heureusement qu'il a déclenché le réveil de sa montre, qui sur les cinq heures n'en pouvait plus de biper.

La toilette, c'est fait ! Le choix de la tenue dans la garde-robe aussi. Brossage des dents, on ne sait jamais. Direction l'abbatiale et c'est parti. Cinq heures vingt-cinq, les vigiles suivies d'une petite messe ; puis sept heures quinze, laudes suivies d'une petite messe, et enfin neuf heures trente : c'est la messe conventuelle. Jean a retenu qu'à partir de maintenant les moines ont l'autorisation de parler, et tant mieux. Frère Jean a quelques questions pour frère Lucien qu'il interpelle à l'entrée du cloître.

- Frère Lucien, merci de m'accorder quelques secondes.

- Bonjour frère... Il hésite. Frère Jean ? Oui bien sûr, frère Jean ! Bien dormi ? Premier réveil dans notre magnifique abbaye. Tu es ponctuel, c'est bien.

- Merci, dit Jean, je souhaiterais connaître la tâche que l'on m'a assignée pour commencer le plus vite possible.

- Mais c'est à toi de trouver ton chemin, frère Jean. Tiens, frère Luc, comment ça va ce matin ? Pas trop de travail en cuisine ?

Et c'est comme ça que frère Jean se retrouve aux cuisines juste avant la sexte de douze heures trente et après avoir récité les psaumes. Le menu élaboré par frère Luc se limite comme la veille au soir à un bouillon de légumes dans lequel baigne du vieux pain, et à une poignée de cerises et de fraises. Il faut prévenir frère Laurent de ramasser les fruits afin que le repas soit prêt à temps. Frère Luc est débordé, il a deux fois plus de convives qu'auparavant. Heureusement, il a recruté frère Jean.

Jean décide d'aller retrouver frère Laurent au jardin pour savoir de quoi dispose frère Luc pour établir les repas. Il faut respecter quelques règles simples. Pas de viande mais du poisson est envisageable ; sinon des fruits, des légumes, et des produits laitiers. Le vin n'est pas fait pour les moines, il faut le boire avec modération car « il fait déraisonner, même les sages ». L'eau est donc en théorie privilégiée comme boisson des repas. Pourtant les religieux sont de grands consommateurs de vin, surtout l'hiver quand il n'y a pas de chauffage. Normalement, la règle de saint Benoît prévoit un repas quotidien « soit à midi, soit à trois heures » composé de « deux plats cuits » et « s'il y a des fruits ou des légumes frais, on les ajoute ». Le souper est facultatif.

Arrivé dans le jardin, il tombe sur frère Laurent qui sort des rangs de pomme de terre pour venir vers lui.

- J'ai appris que tu te mets à la cuisine, c'est bien.

- Les nouvelles vont vite, dis-moi. Je viens te voir pour savoir ce que tu as de bon ?

- Tiens, je savais que tu allais passer, je t'ai cueilli du cresson pour midi. Regarde, il est magnifique. Pour le reste on a du boulot, mais j'ai des pommes, des fraises, des cerises, et des tomates. Ça te va ?

- Tu as des prunes aussi je vois ?
- Oui ; prends-les.
- Un gâteau aux prunes, ça te dit ?

Mais frère Laurent est déjà reparti désherber les patates.

Jean retourne en cuisine où frère Luc l'attend pour démarrer la préparation du repas. Dans sa vie précédente, parmi ses petits boulots, Jean a travaillé dans une brasserie parisienne où il pouvait envoyer jusqu'à deux cents couverts à midi. D'abord à la plonge, il a terminé comme second de cuisine, toujours valorisant le produit frais et local.

- Alors, on s'y met frère Luc ?

Et c'est ainsi que Jean prend les commandes des cuisines de l'abbaye de Solignac.

La soupe de cresson est dévorée par les moines, le silence à table permet d'entendre les râles de satisfaction et quand le dessert arrive, il fait l'unanimité, c'est délicieux. Frère Laurent affiche un sourire de satisfaction. Il sait qu'après les nones, qui est un office très court, (on les appelle : les petites heures), il va pouvoir retourner dans son jardin, travailler, cultiver de bons produits et aider frère Jean à nourrir dignement tout le monde.

Frère Franck vient féliciter Jean de ce délicieux repas et lui propose son aide. Embarrassé, Jean ne sait que lui répondre. Il est alors interpellé par frère Philippe :

- Tu m'accompagnes, frère Jean, je vais aux champignons, dit-il l'air guilleret.
- Pourquoi pas ? C'est la saison en plus, non ?
- Mais oui, on va en trouver plein, tu vas voir.
- Je viens avec vous, dit frère Franck, plus on est et plus on aura de chance d'en trouver.

C'est ainsi que nos trois moines partent à la recherche du sous-bois idéal. Seul frère Philippe à l'air de s'y connaître un peu. Les deux autres, pas du tout. Ils ramassent tout. La sentence de frère Philippe tombe comme un couperet : « Non, ce n'est pas un bon ». Malgré leur déception passagère, ils sont comblés de joie quand enfin, ils tombent, par hasard, sur le bon coin. En une heure, ils ramassent plus de deux kilos de cèpes et trois de girolles. De retour à l'abbaye ils nettoient leur butin. Ce soir : pommes de terre sautées aux champignons !

Ils partent se préparer pour les vêpres de dix-sept heures quarante.

La journée se termine bien pour Jean. De retour dans sa cellule, allongé sur son lit, il pense avoir trouvé sa place. Frère Franck se montre sympathique avec lui et sa curiosité n'a rien de toxique. Définitivement, il aime beaucoup frère

Laurent et frère Philippe, deux personnages différents et complémentaires.

Frère Luc lui a parlé de la richesse de la bibliothèque de l'abbaye, il va devoir trouver un peu de temps pour s'y rendre. Jean doit apprendre... Pour l'instant, il peut faire semblant mais la supercherie ne va pas fonctionner très longtemps.

Le lendemain après la messe, Jean est motivé pour accroître ses connaissances de la religion bénédictine. Evidemment, en tant que Corse, il a suivi le parcours catholique classique jusqu'à la communion, mais c'est insuffisant. Il lui faut « Les moines bénédictins pour les nuls ».

Assidu, il ouvre et déplace les ouvrages. Jean ne voit pas l'heure tourner. A la bourre, il remonte vers les cuisines, et trouve un panier garni de légumes frais posé au milieu de la grande table. Il y a plus qu'à les faire cuire. Merci frère Laurent.

De retour à la bibliothèque, Jean est plus serein que ce matin. Il commence par les ouvrages sur l'Abbaye Saint-Pierre-Saint-Paul de Solignac, qui parlent aussi de son abbatiale. Il identifie sur les rayonnages la littérature locale. Des informations historiques. Il lit : « avant d'être expulsés de l'abbaye de Solignac par des révolutionnaires en 1790, les moines bénédictins y étaient installés depuis onze siècles ». Mais aussi des préceptes religieux obscurs et fastidieux.

Au détour d'une lecture il tombe sur des éléments plaidant en faveur de la présence d'une crypte. L'observation du chœur de l'abbatiale amène à croire à l'existence d'une crypte qui pourrait renfermer un trésor.

Jean est en ébullition : un trésor enterré dans une crypte sous une très grande dalle qui se soulève par un mécanisme caché ! Il se précipite vers l'église, ralentit un peu, essoufflé, passe devant trois moines, accélère le pas et se rue vers le maître-autel actuel. Sous ses pieds, la crypte, c'est sûr ! Il trouve la grande dalle avec la clef et imagine le passage et l'escalier pour descendre les corps, comme il vient de le lire.

Tout excité par sa découverte, Jean se dirige vers la cuisine où il trouve frère Laurent en discussion avec frère Franck. Il tente de masquer son euphorie, et d'être le plus naturel possible.

- Je remplace frère Luc en cuisine, il préfère aider à la menuiserie ! dit Frère Franck.

- Bien, tu sais cuisiner ? demande frère Laurent, doutant visiblement des compétences du gourmand.

- Evidemment, j'adore ! ça m'aide dans ma quête de spiritualité.

- Tu sais, frère Franck, si tu veux bien, tu peux faire les deux, aider frère Laurent qui a beaucoup de travail au jardin, et moi pour la cuisine. Cela te convient-il ?

- C'est parfait ; je commence tout de suite : carottes râpées et gratin de courgettes. Pour demain on a une énorme citrouille.

Jean a trouvé un commis pour la cuisine, il va gagner du temps. Maintenant, il lui faut un plan pour atteindre la crypte.

Chapitre 8 : Mon studio.

Emilie fait le tour du propriétaire. Une entrée qui donne directement sur le lit et sa table de nuit, une petite commode en pin adossée à un petit réfrigérateur, une table et deux chaises. De l'autre côté, des toilettes, une douche, un lavabo et son petit miroir de courtoisie. Vingt mètres carrés bien utilisés. Le monde vient de s'écrouler sur ses épaules ; en plus elle a envie de se soulager. Assise sur la cuvette, elle urine longuement, tire la chasse : tout fonctionne. Elle reste assise sur le trône et se dit qu'elle est peut-être là pour un bon moment.

Les murs et le plafond sont blancs, une moquette beige recouvre l'intégralité du sol. Une ampoule dans la petite entrée, une lampe de chevet pour éclairer la chambre. Il n'y a pas de mauvaises odeurs, au contraire, ça sent le neuf, c'est étrangement accueillant.

Emilie se souvient de ses premiers studios étudiants où elle était déjà bien contente de ne pas passer à travers le plancher et que le toit ne s'écroule pas sur elle. Le paradis des cafards et des souris. Des fenêtres qui ne ferment pas, chaud l'été et froid l'hiver. Emilie n'est pas nostalgique mais parfois ces moments lui manquent. Paradoxalement, elle se sent bien ici et même en sécurité. Elle constate que tout est impeccablement propre. Elle découvre la grille d'aération qui remplace les plinthes habituelles. Le plus impressionnant est ce silence absolu. On n'entend plus un son venu de l'extérieur. Les cloches ont-elles sonné ? Que fait son geôlier ? Est-il en train de bricoler, de regarder la télévision, de cuisiner ?

La faim la rattrape, elle n'a rien avalé depuis hier soir. Elle se taperait bien une entrecôte-frites sur la place de la République, avec un petit verre de rouge, même du dégueulasse, ça ferait l'affaire. Ce petit moment imaginaire passé dehors lui a fait du bien. Elle retourne sur le lit, fouille dans le tiroir de la table de nuit et trouve une télécommande, cherche un écran mais ne voit rien. Evidemment, il ne faut pas rêver. Elle s'enfonce sous la couette et s'assoupit quelques minutes. Un léger clic la sort des bras de Morphée, elle se redresse et voit Patrick, planté devant elle, un plateau dans les mains, la porte refermée.

- Je nous ai fait une salade du jardin avec deux tomates que j'ai ramassées ce matin. Tu vas voir l'huile est super bonne, c'est un copain du Portugal qui me la ramène.

Emilie est stupéfaite. Il pose le plateau sur la table, dispose les deux assiettes garnies et s'installe. Il coupe le pain comme si cette situation était normale.

- Qu'est-ce que vous faites ?
- On va se tutoyer, ça va être plus simple.
- Qu'est-ce que tu fous là, pauvre con ? Tu crois qu'on va devenir copains parce que tu ne m'as pas tuée, pas violée, que sais-je encore ? Tu crois qu'on va bouffer ensemble comme des potes, comme un vieux couple, passe-moi le pain, qu'est-ce qu'on regarde ce soir ? Un film ? D'ailleurs connard, tu as mis la télécommande là, mais tu n'as même pas de télévision. C'est n'importe quoi !
- Tu as fini ? Je peux parler ? Je mange avec toi parce que tu es chez moi et c'est plus poli quand on a des invités. Quel que soit le contexte, tu es mon invitée, donc je prends mes repas avec toi, que ça te plaise ou non. Mange, tu vas voir. L'huile donne un goût un peu fort mais génialement subtil. C'est une tuerie. Ce n'est pas le bon mot, m'enfin tu m'as compris.

Les deux mangent la salade améliorée avec délice. Emilie termine son assiette. Elle regarde Patrick qui sauce la sienne avec son dernier morceau de pain.

- Bon, quand penses-tu me libérer ?
- Ah ! la télévision. Que je te dise. Ma sœur est une passionnée de cinéma, elle connaît toutes les

actrices françaises et américaines. Elle adore les films romantiques, mais aussi les polars et tous ces trucs, quand c'est violent. Moi je n'aime pas trop, je préfère les comédies et aussi les films espagnols : Pédro Almodovar, ça me fait marrer.

- Oui et alors ?

- Tu prends la télécommande, tu appuies sur le bouton là, à droite, « on ». Tu t'installes sur le lit et zou. Ça ne marche pas, merde.

Patrick s'accroupit immédiatement sous la table de chevet. Il démonte la grille, actionne deux trois trucs. Emilie ne voit pas ce qu'il fait, il est juste devant elle. Puis il se redresse fièrement : Vas-y, appuie sur « on ».

Emilie s'exécute, une trappe s'ouvre au-dessus de sa tête, un vidéoprojecteur surgit, l'ampoule s'allume avec un léger souffle d'air du ventilateur. L'écran descend lentement. Quelques secondes et la page d'accueil apparaît. Elle peut surfer sur My Canal, Apple tv, Amazon tv, Netflix. Elle a toutes les chaînes, en streaming ou en direct. Elle regarde Patrick, comme si elle demandait la permission d'utiliser ce nouveau cadeau.

- Tu règles le son avec le plus et le moins, là, au milieu de la télécommande. Bon je te laisse, j'ai du travail, à tout à l'heure.

Emilie est déjà sur Netflix, elle n'a pas vu Patrick sortir, trop concentrée sur son nouveau jouet, elle le déplore. Elle retourne à l'écran, comme hypnotisée, va dans les séries les plus vues du moment, et direct, comme une droguée qui a trouvé un fixe, elle commence l'épisode un, de la saison un et monte le son par habitude. L'image est parfaite, le son génial.

Le temps est passé vraiment très vite. Déjà au début du quatrième épisode, Emilie est gênée par une odeur désagréable de plus en plus présente. Le nez en l'air, elle renifle sous ses aisselles par réflexe. Elle pue, c'est une infection. Elle enlève la chemise trop grande de Patrick, et nue, va vers la douche. Elle ouvre les deux portes sous le lavabo et trouve sur la gauche deux serviettes, un shampoing, un gel douche et un savon. Sur la droite un rasoir et sa mousse, une brosse à dents, un dentifrice, et une brosse à cheveux. Elle referme les portes du meuble, fait couler l'eau, teste la température, et le débit de l'eau. Les robinets fonctionnent. Emilie prend une grande respiration et se glisse entièrement sous le jet bienfaiteur.

Elle se lave la tête, prend son temps comme jamais. Langoureusement l'eau coule sur son corps, sur son visage, la masse, lui procure un bonheur certain qu'elle n'a pas ressenti depuis très longtemps. Un moment de honte la traverse, Emilie a réellement pris du plaisir dans sa geôle, kidnappée par un débile. Cette analyse la fait sourire. Elle se frotte énergiquement, ressent un léger élancement au coude. Elle ne peut le maintenir tendu sans provoquer une décharge électrique dans tout son bras. En revanche, elle n'a plus de douleur à la cuisse.

Emilie s'essuie délicatement et aperçoit des affaires posées sur le lit. Elle s'avance et reconnaît ses sous-vêtements, son gloss, son rimmel et son parfum ; son chemisier, son pantalon raccommodé, et ses chaussures. En plus, il y a une chemise de nuit et des charentaises. La première réaction d'Emilie est d'hésiter sur la tenue à mettre en fonction de l'heure qu'il est. Patrick lui a dit qu'il aime partager ses repas avec ses invités. Elle s'habille avec les vêtements de l'accident, ça lui fait un effet bizarre, elle a l'impression d'être là depuis déjà longtemps. D'avoir déjà des habitudes.

C'est une sensation étrange, que l'on ressent quand on quitte une chambre d'hôtel, une chambre d'hôpital où on a vécu des douleurs, des bonheurs ou des drames. On se prépare à quitter un lieu, avec une nostalgie sans vraiment de raisons valables. En enfilant son blouson, elle se croit déjà chez elle ; on est samedi soir. Elle a cru crever deux fois. « C'est tout pour moi ! Merci public ! Maman rentre à la maison. » Les minutes défilent, elle rallume le Visio, regarde un jeu, essaie de répondre aux questions, retire son blouson. Elle zappe sur une autre chaîne, des chroniqueurs interviewent des journalistes qui demandent leur avis à des experts, qui, bien entendu, ne sont pas d'accord entre eux. Elle zappe : « Notre très belle région, profitons de notre terroir. Tu fais du jambon depuis longtemps ? Oui j'ai repris l'exploitation de mes parents et ça marche plutôt bien. » Elle éteint.

Clic, la porte se referme, Patrick est déjà dans la pièce avec encore son plateau dans les mains. Une odeur de champignons envahit la chambre. Le grand bûcheron a le sourire, il a préparé une omelette aux cèpes pliée en chausson.

- C'est la cueillette de ce matin, ils sont magnifiques, ils n'ont pas un vers.
- De quoi tu parles ?
- Les cèpes, ils ont dû pousser hier, ils sont super frais, goûteux, légèrement croquants. Si tu aimes ça, j'irai en chercher d'autres demain.

Pour accompagner l'omelette, Patrick a débouché un vin de Fronsac de mille-neuf-cent-quatre-vingt-treize. Une vieille bouteille qu'il a gardée pour une grande occasion. Il souhaite faire plaisir à Emilie. Un peu rustre, mais très méticuleux, il débouche la bouteille. Emilie le regarde. Maladroit, il sert le vin, le goûte en faisant un maximum de bruit avec sa bouche, pensant peut-être que c'est un critère de bonne technicité, et boit cul sec son verre.

- Oh la vache, il est bon !

Emilie regarde son verre à la lumière, la couleur du vin n'est pas terrible. Elle le sent : une odeur de bouchon très prononcée se dégage, masquant presque l'odeur des champignons. Elle finit par porter son verre à sa bouche sous le regard impatient de son hôte qui attend son verdict.

- Très bon, ment-elle. Elle partage un large sourire avec lui, elle se sent obligée de se justifier : « J'ai peur qu'il me fasse un peu tourner la tête. »

En dessert, Patrick a préparé un clafoutis aux cerises. Elle se régale, Patrick est un excellent cuisinier. Ils empilent les assiettes sur le plateau puis se regardent sans dire un mot. C'est comme un moment figé dans le temps. Ni l'un ni l'autre ne veut rompre le silence, comme deux gladiateurs qui se jaugent avant un combat. Une lourde atmosphère s'installe. Aucun des deux ne veut lâcher ce bras de fer déloyal. Brusquement Patrick se lève et dit :

- Je pensais peut-être rester avec toi ce soir pour regarder un film, mais je suis crevé. Je vais me coucher. Bonne nuit Emilie. A demain.

Il prend le plateau et sans bruit la porte s'ouvre. Emilie, surprise mais hyper réactive, saute de sa chaise et bondit vers la sortie. Patrick qui a anticipé la manœuvre, bouscule Emilie d'un coup d'épaule, comme il le faisait avec sa sœur. Elle se retrouve sur les fesses, médusée, au pied du réfrigérateur. Déçu par la tournure des choses, Patrick conclut ce moment par un, « à demain. »

Emilie est contente d'avoir essayé un truc, c'était maladroit mais tant pis, elle le refera demain.

Finalement, assez fière de ne pas avoir abdiqué, Emilie se déshabille et se couche nue dans son lit. Les yeux collés au plafond, elle se dit que demain elle doit concocter un plan pour s'évader, la nuit va lui porter conseil.

Le lendemain matin, elle se réveille de bonne humeur. Elle repense à hier après-midi et se demande à quel moment Patrick lui a déposé ses affaires sur le lit. L'a-t-il vue nue ? En a-t-il profité pour se rincer l'œil ? Est-elle tombée chez un pervers sexuel, un pervers narcissique ou pire un sociopathe mythomane ? En réalité ce n'est pas sa sœur qui est timbrée, mais lui. Il l'a sauvée pour mieux la faire souffrir. Pourquoi lui donne-il si bien à manger ? Est-il anthropophage ou cannibale ? Il lui faut un plan d'évasion, et vite.

Chapitre 9 : Le rat.

En cuisine Jean a la tête ailleurs. Il est content d'être avec Frère Franck avec qui il échange sur l'élaboration des futurs menus. Il aime aussi discuter avec Frère Laurent qui se révèle un jardinier hors pair, capable de faire pousser l'impossible. Mais Jean pense à la crypte, il faut qu'il commence par se documenter et tout savoir sur son trésor. Il va devoir lire tout ce qu'il peut trouver sur un éventuel accès, l'ouverture par l'abbatiale est impossible. Pour cela il ne dispose que de deux heures le matin et deux l'après-midi.

La première véritable avancée dans ses recherches se trouve dans un vieux livre poussiéreux où, glissé entre deux pages, il découvre un rapport d'une trentaine de feuillets imprimés récemment. Ce rapport reprend la topographie de la région et plus précisément celle de Solignac. Il s'avère que le département est un vrai gruyère. Il n'y a pas moins de cinq cents souterrains en Haute-Vienne d'après l'inventaire départemental. Il ne faut pas chercher de tunnel, seuls trois sont référencés.

Cependant, de nombreux souterrains sont bel et bien présents, notamment celui qui relie l'abbaye de Solignac à l'évêché de Limoges, « que l'on peut utiliser avec une charrette ».

Si Jean trouve l'entrée des souterrains, il pensera au moyen de creuser jusqu'à la crypte. Une autre info importante : d'où viennent ces feuilles imprimées ? Il n'a vu ni imprimante, ni ordinateur à la bibliothèque et le rapport date de deux mille neuf. Il doit y avoir tout ce qu'il faut en outil informatique voire internet quelque part dans l'abbaye, mais où ? Auprès de qui peut-il se renseigner ?

- Bonjour, Frère Jean, je vois que tu es studieux, c'est bien : prier, travailler, et lire, nous dit saint Benoît.

- Bonjour mon Père. Après une nouvelle journée de prières dans ce lieu magique, j'apprécie cette promenade en votre compagnie. J'ai lu à la bibliothèque que l'édifice fête ses trois cents ans.

- Trois cents ans pour trois cents lits. Tu t'intéresses à l'histoire ou à l'architecture ?

- Tout m'intéresse. Ce matin, je lisais des textes de Saint Eloi et je me suis aperçu que je ne connaissais pas la région.

- C'est une bien belle région. Je te laisse à présent. Si tu as des interrogations, demande à frère Luc, il est incollable.

C'est incroyable, il a eu frère Luc sous la main tout hier et aujourd'hui il va être obligé de lui courir derrière. Jean est en retard aux sextes, il se dépêche, trébuche sur le bas de sa coule, et tombe de tout son poids à l'entrée de l'infirmerie. Il se redresse, regarde les dégâts : pas grand-chose ! Il s'est râpé légèrement la main et un genou. Frère Philippe qui a vu la scène l'interpelle :

- Tu cherches à être célèbre sur Instagram ? lui dit-il, mort de rire.

Jean se retourne et voit frère Philippe qui fait semblant de le filmer avec un téléphone portable.

- Tu as un téléphone portable ? demande Jean, intéressé.
- Bien sûr, mais pas ici. Je faisais semblant, je t'ai eu pas vrai ?
- C'est vrai, je me suis fait avoir comme un bleu.
- Jolie gamelle quand même, tu ne t'es pas fait mal j'espère ?
- Non, ce n'est rien, juste quelques égratignures.
- Dépêchons-nous, nous allons être en retard. Je te rappelle que nous autres Bénédictins nous ne devons rien posséder, pas même un portable.

Jean se sent démasqué par celui qu'il pensait être son ami. Cette réflexion est tout sauf anodine. Frère Philippe sait que Jean est un usurpateur, il a compris qu'il n'a rien d'un moine bénédictin. Ils se jettent un regard avant d'entrer dans la chapelle. La prière commence mais Jean ne quitte pas frère Philippe des yeux : à quel moment va-t-il le dire au Père André ? Faut-il fuir maintenant ? Jean décide de se calmer, de profiter de ce temps de méditation pour réfléchir. Rien ne presse. Que risque-t-il ici ? Pas grand-chose, une humiliation publique par des végans en soutane. Alors que son cousin l'attend quelque part dehors pour le ramener au pays se faire dessouder. Le choix est vite fait. Jean décide de ne rien faire et d'attendre. Si frère Philippe cafte, il sera temps de réagir.

A la sortie, les deux hommes n'échangent pas un mot. Jean fonce en cuisine, il ne s'est occupé de rien. Frère Frank arrive après lui, quelque peu essoufflé.

- Ne t'inquiète pas. Tout est prêt. On fait chauffer et c'est bon.

- Tu es parfait frère Franck. Dis-moi ? As-tu vu frère Luc, je le cherche et je ne l'ai pas vu aux sextes ?

- Je crois qu'il travaille avec l'entreprise qui restaure le bâtiment Est, tu sais à côté du portail vert. Il fait de la menuiserie.

Quittant le réfectoire précipitamment, Jean rattrape frère Luc qui marche devant lui d'un pas rapide vers la cour Sud. Jean cherche ses mots, regarde ses chaussures, et décide finalement de le suivre sans rien dire. Un signe de tête à l'équipe d'artisans présents sur le chantier, et les deux hommes en coule entrent dans le bâtiment, empruntent l'escalier qui leur fait face et descendent les marches jusqu'à la cave. Les poutres qui soutiennent l'édifice sont très endommagées par le temps, elles doivent être remplacées. Depuis ce matin frère Luc étudie la situation pour le compte de l'évêché de Limoges, sous le contrôle du père André. Quels frais doit-on engager ? Exposant la problématique à frère Jean, frère Luc attend simplement de sa part une réponse de bon sens. Le chef de chantier pense que si on dispose une structure de soutien pour réaliser les travaux, celle-ci doit rester suffisamment légère pour ne pas s'enfoncer dans le sol, mais suffisamment solide pour pouvoir supporter tout le poids. Avant tout, pour commencer, il lui faut l'accord du moine.

- Il faut sonder le sol pour vérifier les fondations, propose Jean sans réfléchir.

Sans attendre, frère Luc remonte à la surface, interpelle le chef de chantier et confirme la décision prise. Il faut poursuivre le diagnostic avant d'attaquer le traitement. Le chef approuve. L'équipe des monuments historiques, terriblement compétente, est déjà prête à réaliser ce diagnostic géotechnique, appelé mission G5. Jean est curieux. Il aide à débarrasser tout le bazar accumulé depuis tant d'années dans la cave. Une pile de chaises art-déco, une commode moche, un crucifix géant ; tout ça éparpillé à même le sol. Ce sont autant d'allers-retours effectués par l'équipe pour libérer cet immense espace. Frère Luc est heureux de partager ce moment avec Jean. Un des ouvriers, en déplaçant un petit bureau de ministre, découvre des planches posées qui forment un petit plancher. Intrigué, il appelle son chef, qui, suivi de tout le monde, regarde ce mystère d'un mètre carré.

- Qu'est-ce que c'est que ça ? demande le chef, surpris.
- C'est un passage, affirme Jean excité.

Aussitôt, il se met à genou, demande de l'aide à Luc pour soulever les lourdes planches, mais ils n'y arrivent pas. Ils forcent, changent de prise. Rien n'y fait. Ils se redressent, vaincus. Le chef va chercher deux pieds-de-biche dans son camion et avec l'un de ses ouvriers arrache violemment les premières et dernières planches. Les trois s'enlèvent alors facilement et laissent apparaître un grand trou noir.

- C'est quoi ce bordel ? échappe frère Luc.
- Ce sont des marches. On dirait un escalier qui s'enfonce dans le sol, dit Jean. Vous avez une lampe ?
- Oui dans le camion, je reviens.

Jean impatient commence la descente. Un ouvrier pris de pitié, lui donne la main pour l'aider à garder l'équilibre dans cet escalier en colimaçon.

- Attrapez, frère Jean.

L'artisan tend la lampe torche à Jean qui se retourne et poursuit sa descente. Jean n'est clairement pas habillé correctement pour ce genre d'activité. Quand enfin, il aperçoit la dernière marche, il tend le rayon lumineux vers la voie étroite et voûtée qui s'ouvre devant lui. C'est alors qu'un rat, dérangé par cette intrusion, attaque l'étranger en lui sautant sur l'épaule. Effrayé, Jean laisse échapper la torche qui se brise sur le sol en pierre. Il se débat dans le noir et réussit à faire déguerpir le rongeur. A tâtons, il retrouve le départ de l'escalier, relève sa coule aux genoux et remonte vers la lumière. Arrivé en haut, avec l'aide d'un ouvrier, il brosse son habit recouvert de toiles d'araignées, de poussière et autres petites crottes. Impatient, frère Luc demande :

- Alors raconte, qu'est-ce qu'il y a en dessous ?

- C'est un souterrain ou une carrière, je ne sais pas. Je me suis fait attaquer par un rat, j'ai pris peur et j'ai pété la lampe, désolé.

- Ce n'est pas grave, répond le chef un peu contrarié, j'en ramènerai une autre demain.

- Mais ça va où ? dit Luc.

- Je ne sais pas, je pense que c'est praticable. J'ai qu'une envie, c'est de redescendre pour être sûr de ce que j'ai vu.

- Il faut prévenir le père André. C'est fantastique. On a trouvé un souterrain.

- De mon côté je vais prévenir ma hiérarchie pour savoir comment poursuivre les travaux. Il ne serait pas étonnant que l'on ait besoin d'une autorisation spéciale pour continuer. Je vous tiens au courant, frère Luc.

Le chef dépose quelques planches sur le trou, puis tout le monde remonte à l'air libre. Après avoir salué l'équipe des monuments historiques, les deux moines se préparent pour les vêpres.

Le lendemain matin Jean fonce tout droit vers le souterrain. Il n'y a plus d'ouvrier. L'accès est condamné par un ruban de chantier et un panneau : attention ! danger !

Il ne reste à Jean qu'à mettre la main sur une lampe torche.

Chapitre 10 : Un monstre.

Emilie commence par faire quelques étirements contre le dossier de la chaise, elle en compte cinquante. Ensuite, elle essaie de se souvenir des exercices qu'elle effectuait, il y a quelques années, à la salle de sport. Elle enchaîne quelques figures de gainage ainsi que des squats. Elle termine avec vingt pompes. Heureuse de ce changement d'attitude et un peu fière d'elle, elle se laisse tomber sur la moquette. Son coude ne la fait plus souffrir. Elle se redresse et voit les pieds de Patrick juste sous son nez.

- Tu fais du sport, c'est bien ! Je devrais m'y remettre, je commence à mettre du bide. Avant je jouais au rugby, je n'étais pas mauvais, se confie-t-il. Tiens, je t'ai apporté du travail : j'ai cueilli les haricots verts. Si on veut les manger, il faut les équeuter.

- Je ne suis pas ton chien ! Une colère spontanée monte soudain en elle. Tu ouvres cette putain de porte et je me casse. Tu te prends pour qui, connard ?

Avec une violence extrême, Emilie donne un grand coup de poing dans le panier de haricots qui tombent au sol.

- Ramasse, pauvre merde ! lui dit-elle.

Puis elle le frappe aussi fort qu'elle le peut. Ces coups, qu'elle souhaite surpuissants, ne font même pas reculer le colosse. Des larmes d'impuissance lui montent aux coins des yeux. Elle se retourne, s'écroule sur le lit et éclate en sanglots. La tête dans l'oreiller, elle s'en veut déjà d'avoir craqué. Il faut qu'elle apprenne à se maîtriser, à contrôler ses émotions si elle veut avoir une chance de s'enfuir un jour.

Sans trop réfléchir, Patrick se met à quatre pattes et remet un par un les haricots dans le panier. Il regarde Emilie, met la main dans sa poche, actionne la télécommande et sort. Clic.

Calmée, Emilie retourne à ses bonnes résolutions. Après quelques minutes de flottement, elle prend une douche, s'habille. Assise à table, elle réfléchit à tout ce qu'il lui faudrait pour améliorer son quotidien. L'autre abruti lui doit bien ça. Il lui faut du papier et un stylo, si elle souhaite écrire ou faire des listes. Elle adore faire des listes. Des fringues, des sous-vêtements, du shampoing. Elle retourne s'asseoir, le dos contre la tête de lit. Elle allume le vidéo, regarde le téléachat, les pensées toutes orientées vers la future explication qu'elle s'apprête à avoir avec Patrick.

Les minutes, les heures défilent ; toujours pas de Patrick. Qu'est-ce qu'il fout ? Emilie n'est pas loin de s'affoler, et si elle avait été trop loin ? Pourrait-il l'abandonner ? Elle va crever de faim ? Une angoisse nouvelle monte en elle. Il faut qu'elle se calme, reprenne confiance en elle. Il y a des gens dehors qui la cherchent. Paul doit remuer ciel et terre. Son beau-père n'est pas si méchant et avec toutes les relations qu'il a, il va bien finir par la retrouver.

Emilie reprend confiance en elle quand soudain la porte s'ouvre. Patrick entre avec un grand sac plastique qu'il dépose sur la table. Le mécanisme est rapide, Patrick malgré sa taille est agile. Si elle veut fuir comme ça, en bondissant, elle ne dispose que d'une à deux secondes. Cela implique qu'elle anticipe l'arrivée de Patrick. Il faut donc qu'elle prévoie précisément l'heure de son arrivée. Elle essaiera.

- Je ne sais pas si tu le mérites, je suis passé chez toi et je t'ai pris des affaires. Des robes que j'ai trouvées chouettes. Là, tu as des jupes, des t-shirts. Des culottes... il faut bien. Et puis aussi, le courrier qui t'attendait.

- Tu as fouillé dans mes affaires, mais comment tu sais où j'habite ? Mon agenda ? Mes clefs ? Ce n'est pas vrai. C'est un cauchemar.

- Tu n'es jamais contente. Vraiment ! Je reviens avec le déjeuner.

C'est sa chance. Comment doit-elle s'y prendre ? Mettre ses chaussures. Faire diversion quand il va ouvrir. Il faut trouver un truc à lui jeter dessus, de l'eau bouillante ? Non, trop compliqué. Casser le miroir, récupérer un morceau de verre. Elle a trouvé. Elle se précipite dans la petite salle de bain munie de la chaise qu'elle jette au-dessus du lavabo. Le miroir explose, elle prend une petite serviette de toilette, entoure consciencieusement un morceau tranchant et fabrique un poignard. Elle est prête. Elle se positionne sur la gauche, l'oreiller dans la main gauche, camouflant la droite qui tient son arme. Emilie cherche à se détendre, elle fait quelques échauffements au niveau du cou, sautille sur place, tel un boxeur.

C'est le moment. La porte s'ouvre. Patrick apparaît. Tout se passe très vite. Emilie jette devant lui l'oreiller, Patrick le suit des yeux. Pendant ce temps, Emilie se précipite sur son bourreau, bien décidée à lui transpercer le bide. Dans son élan, Emilie hurle un cri sauvage. Elle y met toute sa haine. Elle se coupe légèrement la paume de la main, tellement elle serre fort son arme. Patrick a juste le temps de se décaler sur la droite pour ajouter de la distance entre lui et son assaillante. Il pivote, utilise le plateau comme bouclier et repousse son agresseur. Emilie tombe au sol, s'empêtre dans les plats du déjeuner. C'est trop tard ! Patrick la prend par le bras, la tire sous la douche, ouvre l'eau froide et la laisse se lamenter devant son échec cuisant. Il n'est pas essoufflé, ni même en colère, juste contrarié.

- Ma sœur m'a tout fait, lui dit-il. Je suis super entraîné. Si tu veux t'échapper, il va falloir que tu trouves mieux, ma vieille.

- Mais pourquoi fais-tu ça ? Pourquoi tu ne me laisses pas partir ?

- Tu n'as toujours pas compris. Ils m'ont pris celle que j'aime le plus au monde, mon bébé, je m'en suis occupé toute sa vie. Et un jour, ils me l'enlèvent, sur décision d'une assistante sociale de mes deux couilles, ils la placent dans un asile. Ils n'ont pas le droit de faire ça.

- Je n'y suis pour rien, moi ; il faut me relâcher.

- Il faut que quelqu'un paye. Et toi tu la remplaces, c'est tout.

L'eau coule sur le visage d'Emilie en pleurs. Elle se déshabille lentement, retire d'abord ses chaussures et son pantalon, puis son chemisier et se retrouve assez vite nue. Patrick surpris par cette réaction stoppe l'eau, il balaie les débris de verres éparpillés au sol. Il se saisit d'une serviette, prend Emilie dans ses bras, puis essuie avec une grande délicatesse chaque parcelle de son corps. Il lui frictionne doucement les cheveux. Une fois sèche, il l'enroule dans un drap de bain, la dépose sur le lit. Emilie est très belle, une beauté sauvage, les cheveux ébouriffés, le haut des cuisses à peine couvert, les tétons apparents. Pour la première fois, Patrick regarde Emilie comme une femme désirable. Elle ressent le malaise de cet homme, qui visiblement n'a pas l'habitude d'être en si charmante compagnie. Il est penché au-dessus d'elle, leurs deux bouches ne sont qu'à quelques centimètres, il pourrait essayer de l'embrasser. Mais il se redresse, recule d'un pas. Troublé, il ne sait comment sortir de ce piège.

- Je vais nettoyer, ramasser tout ce bordel. Et il sort.

Il revient avec un aspirateur, fait un ménage rapide. Il lève les yeux du sol et regarde de temps en temps Emilie toujours étendue, à moitié dénudée. Comme un voyeur, il profite des meilleurs angles de vue, pour mater la jeune femme. Il ramasse les débris du miroir, les met dans une poche, s'apprête à sortir, se retourne et dit :

- Je ramène le déjeuner.

Emilie a trouvé la solution, elle doit séduire Patrick. Certes cela ne va pas être simple, mais elle le sent, la faille du bucheron est là. Le colosse aux pieds d'argile, si elle l'affronte, elle perd. Si elle le séduit, elle va gagner.

Elle s'habille : jupe, débardeur sexy, se maquille et se parfume subtilement. Puis elle patiente sagement. Quand ils seront réunis, ne rien tenter. Elle remet les chaises en place, s'assoit en bout de lit et attend. Quelques minutes plus tard, Patrick entre dans le studio. Emilie est docilement assise, jambes croisées, avec un léger sourire presque sincère. Aguicheuse, elle se dandine jusqu'à la table, s'installe et demande :

- Qu'est-ce que tu nous as fait de bon ?

Patrick, surpris par la nouvelle attitude de son hôtesse, assez fier de lui, explique qu'avec le peu de temps dont il disposait, il a décongelé deux parts de lasagnes. Emilie surjoue l'émerveillement et ne cesse de flatter l'excellent cuisinier qu'est Patrick. Pas dupe, il s'agace de l'hypocrisie de sa chouineuse. Il mange relativement vite, mais remarque qu'il a fait une erreur grossière. Au lieu des habituels couverts en bois, il a donné, par inadvertance, une fourchette et un couteau en acier à Emilie. Elle fait comme si elle n'avait rien remarqué. Elle lui demande s'il serait possible qu'il lui apporte un stylo et des feuilles : elle aime écrire et faire des listes. Elle mâche de petites bouchées de lasagnes et se régale.

Elle comprend qu'il ne commettra pas deux fois la même erreur. Elle sait qu'il sait. C'est maintenant à elle de définir son attaque. Elle prend son temps, ne sourit plus. Avant qu'elle puisse faire le moindre geste, Patrick lui saisit les deux poignets en même temps, la serre très forte, lui fait mal. Emilie lâche les couverts qui tombent dans son assiette. Il la regarde, lui fait baisser les yeux, il voudrait l'humilier davantage. Finalement il la lâche.

- Je débarrasse, lui dit-il.

Elle n'entend que le clic du système de fermeture. Désespérée, elle se recroqueville à nouveau sur le lit, repense à sa manœuvre pitoyable, elle a laissé passer sa chance. Elle s'en veut terriblement. Elle n'a pas de plan, pas d'entraînement, elle est nulle. Il faut que ça change. La porte s'ouvre, Patrick tient dans sa main une chaîne qu'il fixe sur le rail juste au-dessus des grilles qui font le tour du studio. A l'aide d'un serflex, il attache la cheville d'Emilie à l'autre extrémité.

- Qu'est-ce que c'est que cette merde ? Tu m'as attachée. Mais tu es complétement con, ce n'est pas possible ! Où veux-tu que j'aille ? Pauvre con.

- Ecoute c'est plus sûr pour tout le monde. J'avais attaché ma sœur comme ça, je pensais que je n'en aurais pas besoin avec toi. Je me suis trompé. Regarde, tu peux aller partout en faisant le tour. C'est un peu plus compliqué mais tu peux aller partout. C'est cool, non ?

- Tu es un monstre !

Chapitre 11 : Surprise.

En stress total, Jean est obnubilé par le souterrain, et il sait que trouver une lampe n'est que le début du périple qui doit le mener jusqu'à la crypte. Après la messe, direction le réfectoire où frère Franck, déjà au piano, prépare une purée de pomme de terre gratinée. Pourquoi pas ? Puis Jean fonce à la bibliothèque et reprend le livre de Laubat, là où il l'avait laissé. « Le premier acte qui répond à toutes ces exigences, c'est l'ouverture du passage situé à droite du pilier de saint Christophe, côté intérieur, afin de vérifier l'existence d'un escalier descendant à l'intérieur de ce pilier. »

Jean retourne dans l'abbatiale afin de trouver ce fameux pilier, il ne savait pas qu'ils avaient des noms. Il faut être méthodique : il commence par l'autel de la vierge et de saint Martial, avance jusqu'au pupitre, continue son exploration par la gauche. La porte saint Eloi est à gauche de l'autel saint Denys. Il persévère, lit le nom de chaque autel : saint Nicolas, saint Cloud. De l'autre côté : saint Benoît, saint Jacques. Le moral baisse. Il accélère :

saint Pierre, saint Christophe. C'est ici. Juste à droite de l'autel principal. Il n'y a plus de doute, c'est du même côté que le souterrain.

Jean caresse le pilier de sa main, toque la pierre pour entendre le vide. Un air de satisfaction envahit son visage, quand l'écho du bruit mat lui parvient. Jean fonce vers le bâtiment en travaux, arrive devant le panneau danger, lève la tête. Il faut partir plein nord pour rejoindre la crypte. C'est une évidence. De mémoire le souterrain part tout droit, ce qui voudrait dire qu'il est dans la bonne direction, mais c'est difficile de s'orienter avec l'escalier en colimaçon. Jean doit redescendre au plus vite avec une boussole et une lampe.

En début d'après-midi, il a pris des allumettes au réfectoire, il va s'en servir pour s'éclairer afin de récupérer la lampe abandonnée en bas de l'escalier. Peut-être est-elle réparable ? Il est de nouveau devant le trou noir. Il remonte sa coule aux genoux, s'appuie sur le mur de la main gauche et descend. Il tâtonne avec le talon, avant de passer à une autre marche et ainsi de suite. Il progresse lentement, jusqu'à ce que son talon se plante devant lui. Il est arrivé. Il gratte une allumette qui s'éteint instantanément. Son regard s'habitue à l'obscurité. Deuxième allumette, il voit la lampe et les éclats de verre autour, mesure au pif la distance qui l'en sépare. Troisième allumette, il fait quatre pas, se baisse. Ses doigts attrapent la dragonne. Il fait un demi-tour mais pas plus puis quatre pas dans l'obscurité l'amènent face à l'escalier. Il remonte sans prendre de risque.

Certes, Jean a une lampe cassée mais une lampe quand même, tout se répare. Il cache son butin dans un coin sombre de la pièce, brosse son habit et sort à la lumière. Il a du temps avant les vêpres. Il va trouver frère Laurent qui désherbe l'extrémité sud du jardin.

- Les gens jettent tout et n'importe quoi, regarde ce que j'ai ramassé au bord de la rivière, des canettes de soda, des emballages, des mégots de cigarettes, des bouteilles vides, des couches, c'est vraiment dégueulasse. J'ai tout mis dans la brouette. On en deviendrait presque écolo. Sourire de frère Laurent partagé avec Jean. Regarde, il y a encore des trucs qui flottent là.

- Si tu veux tout nettoyer, tu as un sacré chantier devant toi. Tu veux que je remonte la brouette et que je vide les déchets dans le conteneur ?

- C'est gentil, ça va me faire gagner du temps.

- Pas de problème. A tout à l'heure.

Jean remonte avec ses détritus. Il jette un œil. Il est ébloui par le reflet du soleil sur un plastique, c'est un emballage de six piles d'un volt et demi. Le plastique très épais ressemble à du verre. Et si on pouvait ? Jean dépose les déchets et récupère le fameux emballage.

Avant les complies, Jean monte au réfectoire, récupère une paire de ciseaux et va réparer sa lampe.

Il démonte le hublot, nettoie le plastique sur sa coule, essuie le réflecteur en aluminium et le remet en place. Il découpe grossièrement un cercle de la taille de l'ancien verre et recommence jusqu'à reproduire l'épaisseur voulue ; deux suffiront. Il place le plastique et ferme le hublot. Test. Pas de miracle, ça ne marche pas. Il démonte le cul de la lampe, retire les piles, étire le ressort collé au fond, remet les piles en place. Test. Ça ne fonctionne pas. Ce n'est pas grave, il réessayera demain.

Il pleut ce matin. Jean quitte la chapelle, prend le corridor de presque cent mètres et sort sur l'esplanade sud. Grimpé sur le perron, il se souvient de son arrivée. Cela ne fait que quelques jours et pourtant ça lui semble si loin, il a la sensation d'être là depuis plusieurs mois. Il pense à l'autre Jean, à son 4X4. Que fera-t-il du trésor ? Le trésor... Il met sa capuche, se dirige vers le vieux bâtiment. Mais il a un mauvais pressentiment, il se sent suivi ou épié. Il ne sait pas trop. Au dernier moment, il décide de tourner vers le portail vert et d'attendre au coin du mur. Il attend dix secondes et regarde derrière lui. Il reconnaît cette démarche, c'est frère Luc qui tombe nez à nez avec lui. Des gouttes de pluie tombent sur leurs capuches. Les deux hommes ne prononcent aucun mot, marchent côte à côte jusqu'au bâtiment en travaux pour se mettre à l'abri. Une fois au sec, frère Luc va directement vers la lampe torche, la tend à frère Jean.

- Tu as mis les piles à l'envers. Sinon ta réparation est vachement bien.

- Ça marche ?

- Disons qu'elle éclaire mieux qu'avant.

- Tu es descendu ? demande Jean, inquiet, se sentant presque trahi.

- Evidemment. J'ai fabriqué une rose des vents en bas.

Le souterrain part bien vers le Nord mais légèrement sur la droite, vers l'Est. Luc regarde Frère Jean d'un air grave.

- J'ai vite compris quand tu es arrivé que tu allais t'intéresser à la crypte. J'ai essayé de faire diversion au début, de te laisser en cuisine mais ça n'a pas suffi.

- Pourquoi m'orienter vers la bibliothèque ?

- Je préfère t'avoir avec moi que contre moi. En plus tu as la chance du débutant. Tu arrives, et zou ! On dégage l'ouverture du souterrain que je cherche depuis si longtemps. La crypte a été construite dans un but de nivellement du terrain. Quand la pente du terrain est trop importante, l'édification d'une crypte permet la mise à niveau de l'abbatiale. Les bâtisseurs ont employé cette méthode à Solignac. Mais ce que tu ne sais pas, c'est qu'il y a un autre passage, dans le pilier nord, où se trouve la croix. Des plans montrent que sur sa droite une porte murée solidement donne sur un chemin communiquant avec l'extérieur, invisible de dehors. En revanche, il semble qu'il existe, dans ce pilier également, un escalier conduisant à la crypte, ce « lieu souterrain situé sous l'altare majestatis » c'est-à-dire le maître autel actuel.

- Pourquoi me dire tout ça ? Tu crois qu'on va se partager le trésor ? Comme deux copains de vingt ans ?

- Quel trésor ? éclate de rire frère Luc. Il n'y a pas de trésor. Ce que nous cherchons, c'est Notre-Dame-du Civori ! La crypte qui aurait abrité le tombeau de saint Théau. Il serait enseveli sous le chevet de l'abbatiale de Solignac qui recèle son buste reliquaire. Comme il a été orfèvre, peut-être trouvera-t-on un ou deux bijoux, mais vraiment, je ne le pense pas. Allons descendons, tu vas voir, on a du travail.

Arrivés au pied de l'escalier, les deux hommes regardent la boussole de fortune. Une coupelle remplie d'eau, sur laquelle flotte une feuille dotée d'une aiguille. Celle -ci a l'extrémité orientée légèrement sur la gauche.

- Tu vois, le nord est là. Le souterrain part par-là, confirme Luc.

- Allez, viens, avançons. Jean est pressé d'arriver à la crypte.

Le faisceau lumineux, éclairant leurs pas, ne leur permet pas encore de voir le tas de pierres qui les attend. Ils n'ont pas fait vingt mètres que leur escapade est déjà terminée. Un monticule de roches mêlées de gravats bouche complètement la voie jusqu'en haut. A deux ils en auront pour des semaines à libérer le passage.

- Ce n'est pas vrai ! Qu'est-ce que c'est que ce merdier ? crache Jean, dégoûté.

- C'est ce que je voulais te montrer. Fin de l'histoire ! Le plafond est tombé. Je crois que c'est dangereux, tout risque de s'effondrer. Il faut attendre le travail des monuments de France. Je crois que notre rêve s'arrête là. Désolé frère Jean.

Ils restent encore quelques minutes à chercher une solution qu'ils ne trouvent pas. Ils font demi-tour, observent le dallage en pierre, arrivent devant l'escalier. Frère Luc remonte le premier. Frère Jean regarde une dernière fois l'aiguille de la boussole. Avec les vibrations de leurs pas, la feuille se décolle du bord plastique de la coupelle, l'aiguille change d'orientation de quelques degrés seulement. Le souterrain part plus vers l'Est que précédemment. Ils n'ont pas observé les parois, y aurait-il un autre passage ? Jean s'apprête à le dire à frère Luc, puis se reprend, il garde sa découverte pour lui. Déterminé, Jean ne va pas laisser tomber mais il a besoin de se changer les idées. Il passe voir frère Franck.

- Tu vas bien ? Tu t'en sors ? demande-t-il en faisant le tour de l'immense cuisine.

- Je suis passé chez le boucher, j'ai pris de quoi faire un bourguignon. Qu'est-ce qu'il est content de nous voir celui-là.

- De la viande ? Tu es sûr ?

- On n'est plus au dix-huitième siècle mec ! Si l'achat est local et raisonnable, tout est possible.

- Bon. De toute façon, je te fais confiance.

- Tu parles ! On va se régaler. Avec les oignons, l'ail, les échalotes et les carottes de frère Laurent, on a même du laurier. Regarde ! Que du frais ! Sens-moi ça, que du bonheur ! Tout à l'heure, je suis descendu à la cave, j'ai remonté six bouteilles de vin de Bourgogne qui ont mon âge, c'est dingue ! Deux pour le bourguignon, et quatre pour nous. Je nous sors deux verres, on va le goûter.

- Je te sers, dit Jean. Tu as vu cette couleur, il est magnifique.

- Oh et ces arômes, c'est extraordinaire, s'extasie frère Franck.

Les deux moines dégustent le vin en connaisseurs. Leurs verres terminés, ils sourient de connivence.

- Merci pour ce beau moment, dit frère Jean en sortant de la cuisine. Je te laisse. A plus.

Après les nones, qui correspondent à la louche à la neuvième heure du lever du soleil, Jean retourne au souterrain en faisant attention de ne pas être suivi. Il s'engouffre dans l'escalier et avance. Il escalade le talus par la droite. Il ne passe pas. Il tente par la gauche, monte sur des tas de briques et des morceaux de parpaings. Etrange pour l'endroit. Il se déshabille pour se mettre à l'aise, garde son caleçon, regrimpe et continue le déblaiement.

Maintenant en sueur, il essaie d'apercevoir l'autre côté. Il dégage encore des éboulis, et tombe sur une pierre de soutien. Elle ne demande qu'à glisser vers l'avant. Tout en force, Jean fait écrouler tout un pan de gravats et fait apparaître une planche de contreplaqué au-dessus de lui. Il fait levier avec une petite pierre, dégage la planche. Un espace se crée. Il aperçoit maintenant deux poutres entre lesquelles circulent des tuyaux. Il libère les solives et les lambourdes de leur mousse isolante. Un panneau d'un mètre carré résiste. Jean le soulève par un angle, insiste, voit de la lumière et finit d'ouvrir doucement. Mais où-a-t-il atterri ? Comme un lapin sortant de son terrier, Jean prend appui sur ses coudes, se hisse sur les rebords du trou et, surtout, se demande quelle est l'origine de ce boucan.

Terrifiée, assise sur son lit, Emilie hurle, les yeux fixés sur « la chose » qui sort de terre.

Chapitre 12 : L'odeur.

Jean se dresse sur ses pieds et fait face à Emilie. La jeune femme allongée sur le lit, en robe de chambre, crie aussi fort que son corps le lui permet horrifiée par cet ersatz d'être humain. Des yeux exorbités comme une grosse taupe, un visage terreux, le torse griffé et poussiéreux couvert d'hématomes, et un long caleçon beige des années dix-neuf-cent-trente. Emilie essaie de reculer davantage, mais ne pouvant repousser les murs, elle ne peut que continuer à hurler. Jean fait un pas en avant, les paumes de la main tendues en signe d'apaisement. L'effet recherché est un échec et il se produit tout l'inverse. Emilie bat des pieds. La voix cassée, les yeux en larmes, elle a peur comme jamais. Elle appelle à l'aide, mais le seul capable de répondre à sa demande se trouve devant elle.

- N'ayez pas peur, je ne vous veux aucun mal, dit Jean le plus calmement possible. Arrêtez de hurler, vous n'avez rien à craindre.

- Au secours ! Crie-t-elle. A l'aide ! Aidez-moi !

Jean continue d'avancer doucement.

- Calmez-vous, tout va bien, je ne vous veux aucun mal. Regardez, calmez-vous.

- Qui êtes-vous ? Qu'est-ce que vous me voulez ?

- Tout va bien, détendez-vous.

- Arrêtez de me dire de me calmer. Qui êtes-vous, et qu'est-ce que vous voulez ?

Difficile de répondre à ces deux questions pourtant simples.

- Je m'appelle Jean, et j'explore des souterrains du Limousin. Satisfait de ces réponses, il enchaîne. Et vous ?

- Pardon ? dit-elle.

- Oui qui êtes-vous ? Qu'est-ce que vous faites en robe de chambre en plein milieu de l'après-midi ? Jean regarde la pièce en tournant sur lui-même.

- Je rêve, mais il ne va pas bien le Play-mobile. Arrêtez de bouger, vous mettez de la poussière partout. Et cette odeur, c'est une infection.

- C'est bien ma chance de tomber sur super-ménagère. Je peux utiliser le lavabo ?

- Ben, non en fait ! Ça pue les égouts, le renfermé je ne sais pas quoi, c'est une infection.

Sans attendre sa réponse, Jean se dirige vers la salle de bain.

- Merci c'est gentil. Je vais quand même prendre une douche vite fait avant de partir.

L'odeur nauséabonde se dissipe très vite avec le système de ventilation.

Sans gêne et sans pudeur, Jean enlève ses sandales et son caleçon puis se glisse sous l'eau chaude.

- Vous avez du savon ?

- A côté de vous, et vous avez du shampoing aussi sur l'étagère. Emilie se surprend à aider ce type qui sort de nulle part. Quel culot !

- Une serviette peut-être ?

Emilie ne répond pas, elle est sidérée. Elle ne sait pas quoi penser. Que fait ce type à poil dans sa salle de bain ?

- Ça fait un bien fou. Ne vous inquiétez pas, je me rhabille. Ou sont mes sandales ?

Toujours blottie sur le lit, Emilie commence à se détendre. Elle montre du doigt la deuxième chaussure. L'homme qu'elle voit à présent devant elle est plutôt normal, pas trop gros, ni trop grand. Peut-être est-il un peu plus vieux qu'elle.

Emilie observe tous les bleus qu'il a sur le corps.

- Vous sortez de prison ? Vous vous êtes évadé ?

Jean remarque la chaîne attachée au pied d'Emilie. Elle a bien essayé de la dissimuler sous la couette, mais celle-ci dépasse légèrement sur le bord du lit. Doit-il improviser un scénario ? S'il ne dément pas, il garde une part de mystère, s'il répond par la négative, il doit trouver une autre histoire qui tienne la route. Dire la vérité ne l'a même pas effleuré.

- Quelle drôle d'idée ! dit-il.

Jean le sait, plus il restera vague sur son identité, mieux ça sera. Pourquoi cette femme est-elle attachée ? Est-elle prisonnière ? Elle est jolie, il y a longtemps qu'il n'a pas été en présence d'une jeune femme bien foutue. Jean cherche un trésor, et il tombe sur une belle nana, presque nue, au fin fond du Limousin, qui pratique le sado-masochisme ou je ne sais quoi, dans une cave aménagée en studio. Cette pensée le fait sourire. Mais l'heure tourne et les prières ne peuvent attendre.

- Comment vous appelez-vous ? demande Emilie à l'homme en caleçon long planté devant elle.

Un mec qu'elle ne trouve physiquement finalement pas trop mal. Entre deux âges, un type passe partout, même si elle lui trouve une expression plutôt sympathique dans le regard. Pour la prison, il ne lui a pas répondu. Son sans gêne sous la douche l'a presque amusée.

- Je m'appelle Jean. Et vous ?
- Emilie. Les présentations sont faites, vous allez me faire du mal ? demande-t-elle.

Dans le son de sa voix on entend le retour de la peur. Elle regrette déjà cette question avant même de l'avoir posée. Peut-être n'y avait-il pas pensé ? Maintenant c'est fait. Quelle cruche, ce n'est pas possible d'être bête à ce point, Emilie est bouleversée, perturbée, en perte totale de jugement. Il va la tuer. Elle qui d'habitude est vive d'esprit, avec un sens aigu du discernement, est perdue. Elle referme les deux bords de sa robe de chambre, le menton baissé, plie ses jambes comme la petite sirène de Copenhague. Elle n'ose plus regarder Jean.

- Je dois partir, dit Jean.

Il essaie de rester digne malgré son accoutrement. Très vite il soulève l'angle de la moquette avec la lourde planche d'aggloméré, se faufile entre les lambourdes, et referme la trappe. A présent sur son tas de gravats, la lampe à la main il se rhabille. Il sort du bâtiment, remonte l'allée, et croise frère Luc.

- J'ai bien réfléchi, annonce frère Luc solennellement, cette histoire de souterrain, c'est l'affaire des monuments de France. J'en ai parlé à père André, il m'a confirmé que cette découverte était majeure, mais les moyens manquent. La porte saint Jean est une priorité.

C'est par là que rentraient les pèlerins de Saint-Jacques de Compostelle dans l'abbaye. Ce porche moyenâgeux s'effondre, la maçonnerie et les boiseries sont d'une grande vétusté. Le toit tombe sur la rue. Il faut consolider, les travaux commencés sont grandement insuffisants. La mission Bern doit mettre en sécurité et restaurer cette magnifique porte.

- Clairement, on n'est pas près de déblayer le souterrain, nos rêves d'accès à la crypte s'éloignent.

- Mais ils ne peuvent pas faire les deux ! s'énerve Jean. Ce n'est pas compliqué, si tout le monde s'y met, il n'y en a pas pour une semaine. Il ne faut pas rigoler.

- Je comprends ta déception frère Jean, mais l'évêché manque d'argent.

- Je ne te parle pas d'argent, mais avec dix mecs, en une semaine c'est plié.

- De toute façon la décision de père André est irrévocable, conclut frère Luc qui à présent s'éloigne en direction de la chapelle.

Jean est complètement abattu. Seul, il ne pourra jamais ouvrir le souterrain. Dans un an, les travaux n'auront jamais commencé, et lui, il sera loin si tout va bien. Déçu, il se dirige vers le lieu de prière. Ça aussi ça commence à le gonfler, faire semblant d'écouter la messe, la tête baissée, du papier toilette roulé en boulette coincé dans les oreilles en guise de boules Quies. Un ras le bol général envahit Jean. Il arrive à la chapelle, s'agenouille, et commence sa sieste.

Des images traversent son esprit : la découverte de l'escalier, le monticule de gravats, et Emilie. Qui est cette femme ? Il ne lui a même pas demandé ce qu'elle faisait là. Emilie est belle comme une vraie femme, pas comme une gamine de vingt ans. Jean préfère les femmes qui ont de l'expérience. Mais vivre attachée, il faut être complétement perverse ou bien alors est-elle prisonnière d'un dingue ? Jean ne peut somnoler comme d'habitude. Il ne pense plus qu'à Emilie, ou quel que soit son vrai prénom. Mais oui, c'est évident, elle lui a menti. Et la chaîne, il ne l'a pas rêvée, elle est bien réelle. Pourquoi ne pas lui avoir demandé de la sauver, c'est incompréhensible. C'est sûrement parce qu'en réalité elle n'est pas attachée, c'est simplement une mise en scène pour un jeu sexuel avec son mec et Jean est tombé dessus par hasard.

Les moines se relèvent, Jean est toujours dans ses pensées. Après de longues minutes, Il lève son nez, il est seul. Dans un silence monastique, Jean décide de revenir voir Emilie. Il va être prudent mais surtout, rien que du fait d'avoir pris cette décision, il est terriblement excité. Il ne peut pas y retourner tout de suite. Il imagine à présent sa future rencontre. Si c'était un jeu, elle ne sera plus là. Il verra bien demain matin.

Son impatience ne le quitte plus, adieu la crypte, son nouveau trésor s'appelle Emilie.

Chapitre 13 : L'espoir.

Quand la trappe se referme, Emilie est prostrée, le regard fixé sur ce carré de moquette. Que s'est-il passé ? Emilie se déteste. Incapable d'analyser les événements, elle est immobile, engoncée dans sa robe de chambre. L'homme est parti. Comment s'appelle-t-il déjà ? Jean ? Il a dit qu'il s'appelait Jean. Il aurait pu la libérer, mais il n'est plus là. Au lieu d'avoir peur de son sauveur, elle pleurniche. Mais qu'elle est conne, ce n'est pas possible ! Elle ne lui a rien demandé, elle s'en veut terriblement. Il ne reviendra jamais sauver une hystérique des bras du bûcheron. Quel intérêt aurait-il ? Evidemment aucun. Elle se retrouve, là, sur son lit, avec la sensation d'avoir laissé passer sa chance. Quand on a été kidnappée, attachée, laisser partir son sauveur potentiel, il n'y a qu'un mot, débile.

Emilie va vers la trappe, relève la moquette et observe cette grosse planche qui masque l'accès sous le studio. Le reste du sol est bétonné. Une planche en aggloméré lourde et massive, ne présentant aucune prise, de seulement un mètre carré. Elle essaye quand même de la soulever mais elle ne peut pas, elle n'a pas assez de force, la trappe serait de toute façon beaucoup trop lourde. La moquette rebique un peu, Emilie l'aplanit pour que ce passage reste inconnu de Patrick.

Cette opportunité lui donne du courage mais son attitude la désole. Comment a-t-elle pu ? Si c'était à refaire elle supplierait Jean de la libérer, elle serait prête à tout pour enfin sortir. C'est le moment choisi par Patrick pour rentrer dans l'appartement. Il se tient droit, regarde Emilie comme s'il savait. Il y a un truc de pas normal, mais il n'arrive pas à déterminer quoi. Il s'assied sur le lit à côté de la jeune femme et lui prend la main. Elle s'écarte légèrement par réflexe mais se laisse faire.

- J'ai appelé ton directeur régional, monsieur Dubois pour le prévenir que tu étais malade. Il n'est vraiment pas cool. Il m'a jeté, tu ne peux pas savoir, c'est vraiment un pauvre type. Bref il veut que tu appelles le professeur, j'ai oublié son nom, pour t'excuser. Je crois que c'est un problème d'inscription à un congrès. Je lui ai dit que tu avais eu un grave accident de voiture et aussitôt il m'a demandé de prévenir le loueur sinon tu allais avoir de gros soucis.

- Mais quel connard ! se dit-elle furieuse.

- Moi, mais pourquoi ? J'ai posté ton arrêt de travail, dit Patrick, lâchant la main d'Emilie.

- Non pas toi, lui. Vraiment ce n'est pas un type bien, il ne sait même pas se servir du logiciel professionnel. Résultat il dit que je n'ai pas fait l'inscription du professeur en médecine. C'est fou cette mauvaise foi ! Les clôtures des inscriptions, de mémoire, c'est la semaine prochaine. Il faut absolument que je m'en occupe.

- On verra, on verra.

- Attends, tu as posté mon arrêt de travail ? C'est quoi ce délire ?

- Ben quoi, je me suis fait arrêter les trois jours, pour m'occuper de toi.

- Je ne te parle pas de toi mais de moi. Comment tu as fait ?

- Facile, dit-il fièrement, d'un ton malicieux. Avec la téléconsultation, c'est une vraie machine à arrêt, du moment où tu as une carte vitale. Tu es arrêtée trois mois, il n'a pas voulu plus. Ce n'est pas grave, on prolongera, en plus il a autorisé les sorties.

Patrick, est content de sa blague, il regarde le studio, le trouve à son goût. Attachée, Emilie est beaucoup plus cool, il aurait dû y penser avant. Le regard au plafond il se concentre sur ce qui le chiffonne. Une odeur, c'est une odeur qui le dérange, inhabituelle. Ça sent la cave moisie, la terre humide, comme avant les travaux de ventilation qu'il a faits pour sa sœur. Il descend du lit, se met à quatre pattes, retire la grille, actionne une molette, remet tout en place.

- Ça sentira bon maintenant. Dit-il en se rasseyant sur le lit.

Emilie embarrassée ne veut rien laisser paraître, mais si son inconnu revient, il va falloir être prudente et ne pas oublier que Patrick a un odorat développé. Elle a vu quelle manette il a tournée, elle saura le refaire.

- Je vais préparer le dîner. En dessert j'ai fait de la compote de pommes, tu aimes ça j'espère ?
- Heu. Oui bien sûr, répond-elle, la tête ailleurs.

Elle pense à son chevalier qui va venir la délivrer. Elle pense à ce con de Dubois, qui finalement va être obligé de trouver une solution tout seul. C'est hors de question qu'elle bosse en arrêt maladie, il va devoir passer pour un incompétent avec l'assistant de la hotline. Elle commence à prendre conscience qu'elle va être payée trois mois, nourrie blanchie, complètement entretenue et cette perspective la fait sourire. Allongée, elle allume la télévision, zappe, ne trouve pas de programme qui l'intéresse. Alors elle met Arte, il y a toujours un reportage sur un coin du monde incroyable.

Toujours pas habillée, elle se dit que faire un petit effort vestimentaire pour le diner, ce n'est pas la mer à boire. Après sa douche, elle enfile une jupe avec un top. Elle se maquille un chouïa et une touche de parfum.

Patrick revient avec le plateau, clic.

- Tu veux l'apéro ? J'ai apporté des cacahouètes, des amandes et des noisettes, et j'ai débouché un chablis. Regarde, je crois que tu t'y connais plus que moi. Goûte, si ça ne va pas, je te le change.

Emilie, regarde la couleur et la robe du vin dans son verre, puis en met un peu dans sa bouche, tapisse ses papilles.

- Il est super bon ! s'exclame Emilie surprise.

Elle regarde la bouteille, détaille l'étiquette. Patrick a mis le paquet pour lui faire plaisir. Tout en flattant la jeune femme, cela crée un léger malaise. Pour la première fois, un blanc fait son apparition entre ces deux-là. Ils cherchent un sujet de conversation commun, sans polémique ni violence, ne le trouvent pas. Mais Patrick ne semble pas gêné par ce silence, on dirait même qu'il apprécie cet échange presqu'animal entre eux. Pour Emilie, c'est trop dur.

- Alors qu'est-ce que tu nous as préparé de bon ?

Surpris par l'attitude d'Emilie, il sert un petit cabillaud et ses haricots verts. Ils dégustent cet excellent plat, dans un silence de plus en plus pesant. Ils n'arrivent pas à communiquer sans hausser le ton.

- C'est une bonne idée le mélange de poivres. Bravo, tu es un bon cuisinier.

Très honoré par les compliments de la jeune femme, Patrick rougit. Les assiettes terminées, le dessert avalé, sans aucune vraie conversation, il se retire dans ses appartements, clic.

Emilie se met à espérer la venue de Jean, qu'elle idéalise carrément. Elle reste habillée, on ne sait jamais. Il n'est pas tard, il a tout son temps. Elle parcourt la liste des séries les plus vues sur les plateformes et opte pour la première. Elle monte le son et dans l'obscurité de la salle de cinéma, elle sent une présence, et aperçoit une silhouette. A la fois inquiète et pressée elle allume sa lampe de chevet. C'est Patrick, il se tient dans l'entrebâillement de la porte. Il avance vers Emilie, lui fait signe de se pousser, et s'allonge à côté d'elle. Epaule contre épaule, ils attaquent Breaking Bad, série à côté de laquelle tous deux étaient passés. Le premier épisode, passionnant, appelle le deuxième. Emilie s'allonge davantage et se tourne vers Patrick, sa tête posée sur l'oreiller frôlant son biceps. Elle ne verra pas la fin du troisième, dans les bras rassurants de son bourreau, elle dort comme un bébé.

Délicatement il la dépose à côté de lui, se retire sans bruit, il a passé la meilleure soirée de toute sa vie.

Le lendemain, Emilie se réveille en pleine forme, elle est très reposée. Elle se change, fait sa gymnastique, un peu de step, un peu de gainage. Elle arrive à transpirer, elle se sent bien. Ce soir elle va proposer à Patrick de continuer à regarder leur série. Elle passe sous la douche, se lave la tête. Elle s'essuie vigoureusement les cheveux pour les sécher, lève les yeux et voit un homme torse nu, en caleçon long, planté devant elle. Il la regarde. Son premier réflexe est de penser que sa prison est un vrai moulin à vent. On y entre comme on veut, personne ne frappe avant d'entrer, elle prend conscience qu'elle est entièrement nue. Elle attrape une serviette propre et s'enveloppe dedans.

- Personne vous a appris à ne pas rentrer chez les gens comme ça ?

Jean fait semblant de se cacher les yeux mais en réalité entre ses doigts écartés mate la belle brune. Dans son caleçon, une érection douloureuse qu'il n'arrive plus à cacher trahit ses intentions.

Il s'approche d'Emilie, observe la chaîne accrochée à sa cheville, se penche et tire sur le rail incrusté dans le mur.

- Vous êtes prisonnière, ou vous jouez à des jeux sado masochistes avec votre mari ? En tous les cas, vous êtes bien attachée. C'est bizarre non ?

- Je suis chez un taré, qui m'a kidnappée, et qui me garde dans sa cave. Vous me détachez Jean ?

- Ben, attendez. Moi je ne le connais pas ce type. Je ne veux pas d'histoires ma cocotte.

- Il faut me détacher Jean, allez, vous avez bien des outils, des trucs pour couper cette chaîne, implore Emilie. La jeune femme resserre sa serviette autour d'elle.

Toujours excité par la situation, Jean prend de l'assurance. Il marche à petits pas en direction d'Emilie.

- C'est-à-dire que si vous êtes gentille avec moi, c'est possible que je cherche une solution. Je ne vous promets pas d'en trouver une, mais je peux essayer de chercher, sourit-il.

- Quoi, c'est du chantage ? Tu veux une pipe c'est ça ? Je te fais une turlutte et zou tu me libères ?

- C'est un début, oui. Je crois que ça m'aiderait pour la motivation. Mais c'est toi qui vois.

- Bon, on se tutoie alors, dit-elle passablement agacée. Tu es qui ? Un copain de Patrick, tu es un ami de l'autre dingue. Il ne m'a pas baisée, alors il envoie son pote ? C'est pathétique, vous me faites gerber.

- On n'a pas toute la matinée. Tu ne veux pas, je respecte. Tu sais moi je soutiens ME TOO, je trouve qu'elles ont du courage toutes ces femmes.

Jean sent son heure arriver, son sexe est dur comme de la pierre. Il pourrait la prendre maintenant, la jeter sur le lit, retirer sa serviette, la pénétrer violemment, lui faire l'amour comme il veut, autant de fois qu'il le souhaite. Elle est à sa disposition, vulnérable, sans défense. Il peut mais il ne le fera pas, car il veut plus. S'il utilise la manière douce, Emilie sera toute à lui, elle le suppliera, il sera tout-puissant.

Mais Emilie ne pleure pas. Evidemment, elle a envie de hurler, de le frapper. Elle s'imagine lui balançant un violent coup de genoux entre les jambes, histoire de lui apprendre les bonnes manières. Elle ne le fera pas, il faut qu'elle prenne les choses en main.

Chapitre 14 : Après l'automne.

Jean se précipite vers le réfectoire, la cuisine est déserte, la table désespérément vide. Complètement affolé, il doit vite trouver une idée et frère Franck pour nourrir tout son monde. Celui-ci arrive, nonchalamment, croquant une Reine des Reinettes. Il gère à merveille ses nouvelles responsabilités : le camion à pizza est garé juste sur la petite place devant la pharmacie. Frère Franck a simplifié les courses : il a commandé une pizza pour deux moines, sachant qu'elles sont énormes. Cela en fait sept en tout. Elles seront prêtes à treize heures. Avec des salades et les pommes de frère Laurent, le déjeuner est prêt.

Les deux hommes sont toujours complices, ils en profitent pour partager le calme de ce moment où tout est sous contrôle.

Jean a presque envie de se confier à son ami, mais il ne le fera certainement pas. Il n'est pas fier de son attitude, ce n'est vraiment pas glorieux. Mais la vie n'a pas toujours été tendre avec lui, et il ne va pas culpabiliser alors qu'il a su saisir une opportunité. Se sent-il coupable ? Probablement, mais qui n'aurait pas craqué ? C'est la première fois qu'il a cette chance. Une belle jeune femme, attachée, prisonnière d'un autre, nue, allongée sur un lit, le suppliant. Qui ne succomberait pas à la tentation ? Certes il a eu tort de ne pas l'avoir arrêtée quand elle a sorti son pénis de son caleçon, et quand ensuite elle a tout fait pour lui donner du plaisir. C'est encore elle qui lui a demandé s'il en voulait encore.

Jean ne se sent pas coupable, tout le monde aurait cédé à sa place, et tant pis pour la morale. Bien sûr Emilie souhaite s'évader, mais il n'y est pour rien. Ce n'est pas illégal, ce qu'il a fait. Emilie n'est visiblement pas en danger. Elle mange, dort, vit dans un espace douillet, avec une salle de bain et tout le confort. Non, il n'y a pas non-assistance à personne en danger. De plus, c'est elle qui a pris les choses en main, pas lui. Il ne s'y est pas opposé bien sûr, mais c'est elle qui a insisté.

Ce n'est pas si grave de toute façon : entre deux adultes consentants, on peut prendre un peu de plaisir. Elle n'a pas eu l'air de détester ça non plus. Elle a même peut-être aimé ce moment aussi magique que furtif. Il le lui demandera la prochaine fois.

En sortant de la chapelle, Jean croise frère Luc.

- Bonjour frère Jean, tu vas bien ?

- Oui, ça va.

- J'ai travaillé avec le père André ce matin à la restauration d'un ouvrage à la bibliothèque. J'aimerais te le montrer, tu vas voir, il parle de ton trésor ; dit frère Luc d'un air moqueur.

- On y va si tu veux. Il faut que je me change les idées.

- Tu as des idées malsaines ? sourit le moine moqueur.

- Non, juste des pensées impures ; lance Jean sur le ton de la plaisanterie.

- Ton salut se trouve dans la prière, mon frère.

Ils entrent ensemble dans la grande salle, et vont directement vers le livre encore posé sur la table.

- C'est un livre qui était en très mauvais état. Il était habillé d'une reliure traditionnelle à trois nerfs, c'est la saillie produite sur le dos du livre par les ficelles qui servent de points d'appui à la couture. Nous avons repris intégralement la couverture avec un doublage des ficelles de couture.
La restauration se fait avec un cuir marron et un titrage à l'identique. Nous avons mis la semaine. Attends ; oui plus, plus d'une semaine ! Mais nous sommes très fiers du résultat. Qu'en penses-tu ?

- C'est magnifique, vous avez fait du beau boulot. Mais dis-moi, la crypte dans tout ça ?

- Oui bien sûr, figure-toi que saint Théau est peut-être enterré au Vigen.

- C'est-à-dire ? interroge Jean, voyant le coup venir.

- Ta crypte est vide, quoi. C'est ce que confirme le livre.

Le fait que frère Luc poursuive ses recherches sur la crypte, ou sur la possibilité que celle-ci contienne des bijoux ou autre buste reliquaire, augmente les soupçons de Jean sur l'honnêteté de la démarche de son acolyte. Mais la véritable information c'est que père André est complice. Les deux cherchent l'entrée de la crypte et maintenant qu'un éventuel accès est ouvert, les deux doivent être en plein travail d'exploration mais pas sur le terrain. Eux, leurs domaines de recherche ce sont les livres.

Jean doit la jouer fin. Frère Luc est un moine ancien dans l'abbaye, il connaît parfaitement la région, il s'intéresse à l'histoire, il est cultivé et intelligent. En plus, il est malin. Depuis quand a-t-il mis le père André dans le coup ? C'est un sacré stratège : utiliser le taulier dans sa quête de vérité est simplement magistral.

- Regarde. Il est dit que saint Théau meurt à presque cent ans en sept cent deux, et que « L'église Saint Mathurin du Vigen aurait été édifiée à l'emplacement de l'oratoire où Théau termina ses jours. Néanmoins, de cet oratoire il ne reste aucun vestige. »

- D'accord, je comprends, dit Jean pas du tout convaincu par l'argumentation utilisée par frère Luc.

- Tu sais, le père André est très intéressé par ces histoires de souterrains. C'est le célèbre syndrome Da Vinci Code : une abbaye, des moines, et une enquête. Mais ne nous trompons pas. Ces travaux sont passionnants et ils intéressent aussi l'évêché, la commune ainsi que le département. Les retombées culturelles peuvent être importantes pour la région.

Frère Luc fait une pause. Il prend sa respiration, regarde frère Jean et poursuit.

- Il y aura aussi des retombées économiques. Nous ne pouvons voir qu'un des aspects de la découverte de ce passage ; en réalité, religieux et politiques y voient des avantages communs mais tôt ou tard, ils ne penseront plus qu'à leurs propres intérêts financiers. L'homme est ainsi fait.

- Tout ça pour me dire de laisser tomber, coupe Jean qui voit de la manipulation dans toutes ces simagrées.

- Ecoute, les choses avancent. Mais nous avons remarqué que tu allais souvent voir les travaux. Tu es un moine bénédictin, ton temps dédié au travail est important, autant que celui dédié à la prière ou à la méditation. Ta découverte, je te l'ai dit, est majeure. Ne te perds pas, frère Jean. Ne t'entête pas. Tu dois faire confiance à père André. C'est un homme bon.

- Nous ne nous connaissons pas depuis longtemps, frère Luc. Je ne suis pas buté mais je sais reconnaître une menace, même bien dissimulée.

- Je suis ravi de cette petite conversation, frère Jean, à la fois instructive et rassurante. À bientôt frère Jean.

Chacun part de son côté. Jean n'est pas resté consulter le livre, le message est clair : plus de vagues et plus de souterrain. Le problème, c'est Emilie. Il ne s'est pas attaché, non mais ! Hormis le sentiment de culpabilité, cette jeune femme qui l'implore l'excite terriblement. Il va prendre le temps, tel un chasseur à l'affût. Cela augmentera son désir…

Jean retrouve frère Franck à la cuisine qui a préféré réchauffer un bourguignon que les pizzas. En apéritif, celui-ci s'est ouvert un Sauternes de couleur cuivrée ambrée de mille-neuf-cent-soixante-sept. Il va immédiatement chercher un deuxième verre pour son ami. Un arôme de miel se dégage rapidement du breuvage, puis une senteur de confiserie. En bouche, c'est énorme : complexité flamboyante ! sans lourdeur ! dense ! génial ! ample, ! finale ébouriffante ! safran ! orange amère ! beaucoup d'élégance. Jean observe frère Franck qu'il a mal jugé. Ce bonhomme un peu rond, qui mangeait des gâteaux au chocolat dans le minibus, est en réalité une fine gueule. Il aime les bonnes choses, les manger et les boire. On pourrait penser qu'il n'a rien à faire dans une abbaye, alors que c'est tout le contraire. Frère Franck est bon, il prie, médite, aime partager sa cuisine et son vin. A la fin de cette semaine qui va bientôt s'achever, Jean le nommera sans hésitation comme son successeur. Pour le moment, normalement, c'est lui qui a la responsabilité des repas, jusqu'à dimanche.

Ils se resservent un verre mais, cette fois, bien rempli. Plus de place pour la dégustation, ils boivent pour le plaisir. Soudain, frère Franck demande à Jean :

- Pourquoi es-tu ici ?

Surpris, Jean pose son verre. Il tousse deux, trois fois pour s'éclaircir la voix et se donner un peu de temps de la réflexion. Il va mentir mais souhaite rester honnête avec son ami. Il pourrait reformuler la question mais il ne le fera pas.

- Je me cache de mon ancienne vie, répond-il.

Etonné par la sincérité de Jean, frère Franck finit son verre, et en reste là : les détails ne l'intéressent pas. Il se dirige vers le bourguignon qui chauffe à feu doux, il soulève le couvercle, remue doucement, sent cette bonne odeur. Puis il se retourne, avant de quitter la pièce, il passe devant Jean et lui dit « merci. »

Jean reste seul, reprend son verre. Il ne doute absolument pas de la discrétion de son ami. Un sentiment de confiance s'est installé entre les deux moines. Jean envisage l'avenir avec plus de sérénité, il sait qu'il peut compter sur son second. Les jours et les semaines défileront tranquillement, il reverra Emilie avant l'hiver.

Chapitre 15 : Jackpot.

Emilie n'a pas perdu la main pour se débarrasser de ce salaud. Il ne lui a fallu que quelques minutes pour que ce porc éjacule enfin. Une fois ce pauvre type parti, elle fonce sous la douche. Elle se savonne, se frotte, comme pour retirer des peaux d'humiliation. Elle ne lui pardonnera jamais. Ces râles de plaisir, son regard libidineux, une arrogance de bac à sable. Quel pauvre type ! Profiter de la situation comme il l'a fait, c'est inadmissible. Elle va le faire payer au centuple. Mais pour le moment, il faut qu'il revienne et qu'il fasse une erreur. Juste une fois, elle le sait. Quand il reviendra, elle se soumettra. Quand il fera une erreur, elle le brisera.

Une fois sèche, elle s'habille, se maquille et s'installe à la table. Elle ouvre le courrier que Patrick lui a apporté. Les factures avec virement ne présentent aucun intérêt, sauf qu'on prend encore une augmentation par rapport à l'année dernière. Un colis du boulot à aller chercher à la poste, et une carte postale d'une copine en vacances à Malte, comme tout le monde. Emilie reste connectée à la réalité. Elle a peur de basculer dans la folie. Mais tout va bien. Elle lit les publicités des grandes surfaces, arrive à y porter un vague intérêt. C'est bientôt la foire aux vins, fera-t-elle acheter du vin à Patrick ? En réalité, elle ne peut pas faire semblant. Jean l'a violée, c'est comme ça que ça s'appelle ! C'est un enfoiré qui a profité d'elle, et elle ne pense qu'à ça. C'est dégueulasse.

Elle regarde la chaîne attachée à sa cheville. Elle suit du regard le lien qui arrive au mur, au-dessus de la plinthe. Le système de fixation est une bille d'acier coincée dans un rail incrusté dans le mur. Mais au niveau de la porte, quand celle-ci est ouverte, le rail est ouvert, et c'est même le seul point d'insertion pour la bille. Pour se libérer de la chaîne, il faut que la porte soit ouverte.

Emilie sait que le seul moyen d'ouvrir la porte, c'est le bipper que Patrick a tout le temps sur lui. Donc, il faut qu'elle arrive à endormir voire à neutraliser son bûcheron à côté d'elle. Mais sa sœur a déjà dû essayer la technique. Emilie a besoin de savoir où et quand ce piège ne fonctionne pas. Il faut qu'elle teste la manœuvre. En plus, si l'autre connard pointe son nez, il faut qu'elle soit prête. Il peut tout arranger ou tout faire capoter.

Emilie se rend compte qu'elle est en colère. Elle va sortir d'ici. Retrouver sa vie d'avant, peut-être retrouver son mec, Paul. Il ne lui manque pas vraiment en réalité : un beau mec, avec une belle famille, une belle situation et un bel avenir ; mais c'est tout, rien de plus. Le père de ses enfants, sûrement pas. Désire-t-elle avoir des enfants ?

Elle n'a plus vraiment d'attache, son appartement, elle s'en fout. Son boulot ? Pareil ! Si elle s'en sort, elle va aller faire de l'humanitaire, comme ses parents. Se rendre utile pour les autres. Il est parfois difficile de se projeter, mais dans son studio elle prend le temps d'imaginer son avenir et de mieux rêver sa vie. Un rictus illumine son visage lorsqu'elle se voit, en haut d'une colline, regardant la mer, un verre de vin à la main, sur la terrasse, au bord de sa piscine et de sa grande maison. Cela ne coïncide pas vraiment avec le travail de la Croix Rouge. Mais qu'importe, Emilie est lancée.

Patrick arrive avec le déjeuner. C'est une confirmation : quand la porte est ouverte, le rail l'est aussi.

- Comment vas-tu aujourd'hui ? demande-t-il l'air nonchalant.

- Très bien, dit-elle, je pense à l'avenir, je pense à toi. Comment vois-tu les choses, ton avenir, ta vie ?

- Ma sœur me manque, je ne peux pas l'expliquer. Hier quand nous avons regardé la série, j'ai beaucoup pensé à elle, et il faut que je te remercie pour ce bon moment.

- Ce n'est rien, on remet ça ce soir, si tu es d'accord ?

- Il n'y a rien qui me ferait plus plaisir, c'est très gentil de ta part. Comme je retravaille, le temps de préparer un truc à grignoter...

- T'inquiète, tu vas trouver, et c'est toujours aussi bon, dit-elle sincèrement.

Tous deux s'apprivoisent lentement, discutent de choses et d'autres. Il l'interroge sur sa matinée. A-t-elle vu un film intéressant ?

- J'ai regardé un reportage sur un crocodile planqué dans une rivière depuis des heures ; il n'avait pas mangé pendant des jours, et il était là, à attendre son repas. Elle montre son assiette. Une gazelle se pointe pour boire. Peureuse, elle met deux plombes à s'approcher. Lorsqu'elle commence à boire, le croco se rapproche et se jette sur elle. Et alors qu'on ne lui a rien demandé, un hippopotame surgit de nulle part et s'interpose. La gazelle se casse, le croco se bat deux secondes avec le gros machin. Vaincu le pauvre caïman se tire... Le commentaire du journaliste a expliqué que l'hippopotame, par un geste de bravoure, a sauvé la biquette. Non mais je rêve ! conclut-elle son histoire inventée. C'est comme si toi, tu te pointais avec une entrecôte -frites, alors que je n'ai pas mangé depuis deux jours, et au dernier moment, un type à qui on n'a rien demandé me l'enlève de sous le nez. C'est dingue, non ! En plus, on trouve ça moral.

- Elle est bien bonne celle-là, sourit Patrick. Tu peux m'en raconter tous les jours des comme ça.

- J'aime bien les crocos, ils me fascinent. Ils sont sur terre depuis vingt-quatre fois plus longtemps que nous. Ils ont su s'adapter à plein de changements et nous on se dit intelligent alors qu'on va faire péter la planète ?

- Tu sais, répond Patrick, l'intelligence est mesurée par l'homme et pour l'homme. C'est pour ça qu'il se dit le plus intelligent des animaux. Pas parce qu'il l'est mais parce qu'il l'a décidé. Aller sur la lune n'est pas une preuve de supériorité, si en même temps, on détruit notre écosystème. L'animal, lui, n'y a jamais pensé. L'homme est le seul animal à croire qu'il n'en est pas un ! Nous sommes des singes fragiles, tu sais.

Patrick est surpris que quelqu'un l'écoute jusqu'au bout, et le laisse terminer sa phrase, sans l'interrompre. Il poursuit :

- J'ai toujours aimé les animaux, les chiens en particulier, et tu vois, je pense qu'un jour j'en adopterai un.

Brusquement, il se lève, prend le plateau et débarrasse. Il sort de la poche à soufflet de son pantalon son bipper, et sort. Clic.

Emilie a senti une émotion dans la voix de Patrick. Ce grand bonhomme a donc un cœur. Elle a été sensible à cette conversation, elle ne pensait pas qu'il puisse tenir des propos si sensés.

L'après-midi passe assez vite, Patrick réapparaît.

- Tu as du linge sale ? Je fais tourner une machine. Il ramasse les affaires qui traînent par terre.

- Les dessous non, je ne peux pas enfiler mes culottes à cause de la chaine et je ne porte plus de soutien-gorge. Tu n'as qu'à prendre ma chemise de nuit, le chemisier et les t-shirts.

- Ok, je reviens. Clic.

Un homme presque parfait, il va revenir avec l'aspirateur, faire le ménage. Excellent cuisinier, bricoleur, sensible, peut-être drôle et une force de la nature. Emilie se surprend à penser ça de son geôlier, mais c'est bien la réalité. Il ne manquerait plus qu'il soit bon au lit, et là ce serait le jackpot. Tu parles d'un syndrome de Stockholm ! Emilie se met à sourire en imaginant qu'elle embrasse le grand bûcheron.

- Tu ne prends pas de petit-déjeuner, parce que moi, jamais. Je n'ai pas le temps le matin.

Elle ne l'a pas entendu arriver, il n'a pas l'aspirateur, mais un bouquet de fleurs dans une poche à eau.

- Je le mets là ? lui demande-t-il, en la regardant affectueusement.
- Si tu veux, il est magnifique. Merci c'est très gentil de ta part.

Elle se rapproche de lui, lui tire sur le bras pour qu'il se baisse et l'embrasse tendrement sur la joue, comme on remercie un vieil oncle cool.

- Le matin, je prenais un expresso serré, et un jus d'orange frais. Mais tu sais, on s'habitue à tout. Pour l'instant, ça ne m'a pas manqué.
- Tant mieux, j'avais complètement oublié, ça me rassure. C'est important pour moi que tu te sentes bien ici.

Déstabilisé Patrick sort. Clic.

La jeune femme est assez fière de son coup. Elle ne peut pas l'expliquer mais elle se sent en sécurité avec lui. Il serait capable de la protéger. Un plan germe dans sa tête. Avec du temps et de la chance, se dit-elle...

- J'ai fait des croque-monsieur. Pour une soirée série, c'est cool, non ?
- Je me mets à l'aise et j'arrive.

Elle se déshabille, passe un t-shirt de nuit, s'installe à côté de lui. L'épisode peut commencer.

Chapitre 16 : L'occasion.

Il fait un froid de canard, l'automne est passé très vite. Le réchauffement climatique n'est pas encore là. Dans ce grand bâtiment, il y a des courants d'air partout. Chauffer ces volumes est soit déraisonnable, soit irresponsable, dans tous les cas pas très écolo. Pour Jean le matin est un moment particulièrement compliqué. Sortir du lit à cinq heures quinze, puis traverser en sandales les longs couloirs pour descendre au sous-sol prendre sa douche, il ne faut pas rater les vigiles.

Le moral en berne, il travaille à la réfection des fenêtres de l'aile ouest. Il aide les ouvriers à colmater les joints afin de limiter le passage d'air froid. Ce n'est pas passionnant, mais tous les moines luttent pour faire remonter la température au sein de l'édifice. Prier dans l'abbatiale est un calvaire, le froid traverse les coules. Les multiples couches de caleçons et autres t-shirts à manches longues ne suffisent pas. Le seul endroit protégé reste la cuisine. Et ça tombe bien, c'est la semaine de frère Franck. Et quand c'est son tour, frère Jean n'est pas loin.

- Cette odeur ! Ça sent rudement bon, qu'est-ce que tu nous as concocté aujourd'hui ?

- C'est un pot-au-feu limousin, arrangé à ma façon, dit fièrement frère Franck.

- C'est-à-dire ? demande Jean, le nez dans les casseroles.

- J'ai limité la viande. On a un bel os à moelle, et deux joues de bœuf. Le reste, que des légumes : navets, pommes de terre...

- Et avec ça ? Qu'est-ce qu'on boit ?

- Je savais que tu allais passer, j'ai remonté un Saint-Joseph. Regarde comme il est beau.

Le froid quitte petit à petit les deux amis. Un premier verre en appelle un deuxième. Aujourd'hui c'est un peu spécial, les deux moines célèbrent leurs retrouvailles en cuisine. Ils trinquent allégrement. Frère Franck débute l'Ave Maria de Gounod. « Ave Maria, Gratia plena, Dominus tecum, Benedicta tu in mulieribus, Et benedictus, fructus ventris tui... » Se voulant lyriques, ils sont simplement et terriblement éméchés.

Et c'est ivres que les deux compères se rendent au réfectoire. Manger va leur faire le plus grand bien. Ils essaient de ne pas trop se faire remarquer. Dans un silence de monastère, ils ingurgitent leurs gamelles à toute allure. Tous lèvent la main afin de réclamer du rab, ils se régalent. Levant les yeux, Jean remarque les frères Philippe, Luc et Laurent complètement « foncedés ». Il doit y avoir une razzia à la cave, pour lutter contre le froid, la raison s'envole et le vin coule à flots.

Les moines ont réalisé la none chacun de son côté afin d'optimiser le temps de méditation, pour s'octroyer une petite sieste. Jean, peut-être plus habitué à prendre une charge, récupère plus vite. Pendant que tout le monde médite, il sort discrètement en empruntant le corridor, longe la grande façade et pénètre dans le bâtiment où se trouve l'entrée du souterrain. Incroyable, la lampe a certes perdu de son intensité mais elle fonctionne encore. Une tôle protège l'entrée, il la retire et descend. Une drôle de sensation l'envahit, mélange de joie et d'excitation d'être revenu dans son souterrain. Apparemment, rien n'a bougé. S'avançant vers le tas de gravats, il observe que le monticule a diminué sur la droite. Il monte voir, se rend compte que l'on aperçoit à présent l'autre côté. Enthousiaste, il retire quelques pierres mais se rend vite à l'évidence : le travail sera moins fatigant si un autre s'en charge. Satisfait, il regarde, nostalgique, la montée vers le studio d'Emilie. Elle ne doit plus être là à présent, mais qu'est-ce qu'il a apprécié ce délicieux moment ! Il faut qu'il sache. Est-elle toujours prisonnière ? Sera-t-elle heureuse de le revoir ?

Il retire sa coule qu'il plie délicatement et la pose sur une pierre plate, ne gardant que son caleçon et son t-shirt. Il n'est pas là pour un défilé de mode.

Il escalade la butte, attend quelques secondes, tend l'oreille à l'affut du moindre bruit. Rien. Il n'entend que le silence. Il profite encore de cette attente qui ne fait qu'accentuer son désir. Jean n'est plus saoul, mais presque dans un état second, assis en haut du talus, sous la trappe, faisant durer les secondes. Si elle est là, quelle va être sa réaction ? Va-t-elle lui sauter dans les bras ? Le soudoyer et lui offrir son corps en monnaie d'échange ? Il ne peut plus attendre et pousse vivement la trappe. Elle est beaucoup plus lourde que dans son souvenir. Il s'y prend à deux fois, écarte la moquette et sort du trou.

Emilie est là. Elle le regarde, ne l'aide pas à se redresser. Jean sent une légère tension de la part de la jeune femme.

- Bonjour Emilie. J'avais peur que tu ne sois plus là. Tu vas bien ?

- Ça va. Tu viens me chercher, dit-elle sur un ton peu convaincu. Tu sens le vin, c'est ce qui t'a donné le courage de revenir ?

- Oh, doucement.

Jean avance vers le lit où Emilie est allongée encore en peignoir.

- Effectivement, je viens te voir pour qu'on discute du moyen pour te sortir de là. Tu sais, ma vie n'est pas simple non plus, dit-il sans se démonter.

- Je m'en doute. Alors quel est ton plan ? Si tu en as un, bien sûr.

- Il faut qu'on voie ensemble les différentes solutions envisageables ?

- On commence par un briefing pour attaquer une réunion préparatoire qui va peut-être déboucher sur une autre réunion de synthèse pour enfin aboutir au débrief ? Il te faudra, évidement une source de motivation à chaque étape du process !

Jean se referme sur lui-même. Il trouve Emilie injuste, même si elle n'a pas tort. Cette franchise le déstabilise.

- Alors mon héros ? Qu'est-ce qu'il a prévu pour sauver sa princesse ? Le ton est moqueur avec une pointe de cynisme.

- Ben, je ne sais pas. Il y a cette chaîne qui est emmerdante. Et la porte qui ferme avec un mécanisme compliqué.

- On avance ! ironise la jeune femme. C'est bien ! Et il t'a fallu tout ce temps de réflexion pour en arriver à cette conclusion ?

Emilie continue sur le ton de la moquerie.

- Et aujourd'hui, un peu bourré, tu te pointes le sourire aux lèvres, tu te préoccupes de ma petite santé. C'est ça ? J'ai bien résumé ?

Maintenant agacé, il va dans la salle de bain se servir un verre d'eau. C'est le moment qu'elle attendait. Elle fait glisser la bille silencieusement dans le rail. Elle se redresse et pose ses deux pieds au sol. A l'égyptienne, elle se rapproche de la trappe. Jean, dos au lavabo, cherche une solution pour sauver ce moment bien mal engagé.

Emilie fait semblant de ranger ses Charentaises traditionnelles écossais rouge sous le lit. Elle se penche. Avec une énergie folle, d'une main, elle soulève la moquette. De l'autre, elle décolle le bout de la trappe, et s'arcboute de tout son corps, de toutes ses tripes. La trappe retombe lourdement et condamne le passage. La première phase de son plan est réussie. Elle reste allongée sur le sol quelques secondes, épuisée.

Jean, toujours adossé au lavabo, commence juste à se rendre compte des conséquences de ce qui vient de se passer. Il n'a pas bougé, il n'a rien compris. Toujours le verre à la main, il fait un pas vers Emilie.

- Oh mon dieu. Qu'est-ce que tu as fait ? Tu es complètement timbrée.

Il pose son verre, pousse violement Emilie qui roule contre le réfrigérateur top. Il soulève la moquette, enfonce ses ongles dans le peu d'espace qui reste entre le béton et l'aggloméré. Il n'existe aucune prise, l'issue est condamnée ... comme lui.

- Alors ton plan ? C'était quoi déjà ? dit-elle en s'adossant au bout du lit.

- Oh mon dieu ! Ce n'est pas vrai, tu n'as pas fait ça.

- Tu peux arrêter de jurer s'il te plaît, c'est perturbant.

Jean se rapproche dangereusement de la jeune fille.

- Je vais te tuer ! Putain, ce n'est pas vrai ! Oh mon dieu !

- Vraiment, tu te répètes, c'est lassant. C'est quoi ton plan ? Je ne veux pas te presser mais on a juste deux heures avant le retour de Hulk.

- Hulk ?

- Ben oui, je ne t'ai pas dit. Patrick, le Monsieur chez qui on est, a la même morphologie que le personnage tout vert. Autant te dire sa surprise quand il va te trouver ici. Je n'aimerais pas être à ta place. Elle éclate de rire.

Les menaces commencent à porter leurs fruits. Jean n'a jamais été bien courageux. Mais à ce moment précis, il comprend qu'il joue sa vie. Il s'est fait coincer par cette nana. Il compte bien s'en sortir.

- Tu l'as fait exprès, tu savais que je ne pourrais pas sortir quand je suis arrivé. Tu as prémédité ton coup. Ton discours était là pour me distraire, tu savais déjà que tu allais me piéger.

- Évidemment, tu crois quoi ? Que je suis conne à ce point ? Te laisser une deuxième chance ? Tu crois que je suis suffisamment naïve pour espérer un geste de bon samaritain de ta part ? Va te faire foutre.

Jean reste assis dans l'angle du studio, K.O. Silencieux, il ne voit aucune solution. Sa vie de moine planqué est terminée. Il s'est fait avoir par Emilie, il faut qu'il accepte pour pouvoir passer à la suite : l'affrontement. La seule issue, c'est une bonne baston contre un type super costaud. Il a deux avantages : l'effet de surprise et une partenaire. Il lui faut impérativement se remettre Emilie dans la poche.

- Puisque tu as prévu que je reste avec toi, je suppose que tu as aussi prévu la suite des événements. Serais-tu suffisamment aimable pour les partager ?

- Ce n'est pas compliqué : Patrick te voit, te défonce, et me libère.

- Pourquoi le ferait-il maintenant ? Je veux dire : te libérer ?

- Parce que le studio, pour deux, c'est trop petit.

Ils s'assoient tous les deux à la table, les doigts croisés, face à face, ils se jaugent. Jean essaie de trouver une lueur d'espoir au fond des yeux d'Emilie mais n'y lit que du mépris. Il pense avoir du temps, il n'en a pas.

- L'heure tourne, ricane-t-elle, narquoise. Ne faudrait-il pas que tu t'échauffes ? pour éviter un claquage. Elle se lève, se positionne naturellement derrière la porte, la bille d'acier de la chaîne qui l'entrave du côté de la gâche. Jean ne se doute de rien, il est face à la porte. Emilie est prête.

Chapitre 17 : Contraste.

La porte s'ouvre. Patrick regarde au sol la bille qui roule sur la moquette. Il lève les yeux. Une chaise se fracasse sur son crâne. Il n'a pas le temps de parer les coups qui s'abattent sur lui. Il voit vaguement un homme qui lui assène de violents impacts avec les poings, les genoux et les coudes. A terre, Patrick est maintenu, étranglé par son assaillant, la gorge dans le pli du coude de Jean. Emilie sort de sa cachette, plonge sur la poche à soufflet, récupère le bipper. Elle se redresse, jette un œil aux deux hommes qui en décousent et sort. Clic.

D'un violent coup de coude sec et précis, Patrick explose le nez de son adversaire, le repousse sur le côté sans ménagement et par réflexe, cherche du regard Emilie, pendant que Jean maintient sa tête en arrière essayant de stopper l'hémorragie qui s'écoule de son nez.

Patrick s'avance, colle son oreille contre la porte et sent la présence d'Emilie de l'autre côté.

- Tu m'entends ? hurle-t-il. Emilie ! Tu vas bien ? Il ne t'a pas fait de mal ?
- Elle ne vous entend pas, mec.

Furieux, Patrick se retourne et met un bourre-pif magistral à Jean qui venait juste de se relever ; celui-ci l'envoie direct contre la table de nuit qui cède sous son poids.

- Tu ne m'appelles pas mec.

Jean, de nouveau au sol, décide de rester allongé là, il sera plus en sécurité entre la cloison et le lit.

- Emilie, tu m'entends ? beugle Patrick, inquiet pour la jeune femme.
- Oui, je t'entends, loin mais je t'entends, crie-t-elle.
- Est-ce que ce connard t'a fait du mal ? Dis-moi ?
- T'inquiète Patrick, rien de grave.
- Je préfère ça, se calme le bûcheron, sinon je le défonce.

Jean dans son coin se dit que ce n'est pas la peine d'en rajouter. Le message est passé. Globalement, des raclées, il en a pris, mais des comme celle-là, rarement.

- Tu es là ? demande une voix féminine lointaine.
- Oui, répond-il.
- Et toi tu n'as rien ? s'inquiète Emilie.

- Non ça va. Juste la gorge sèche. Je vais boire un verre d'eau et ça ira mieux.

- Je ne t'abandonne pas, je fais juste le tour de la maison et je reviens.

- Ok à tout à l'heure.

Patrick regarde l'homme à terre. Sans un mot, il ramasse les morceaux de la chaise cassée, les pose sur la table et fait de même avec les restes de la table de nuit, faisant comme si l'autre n'existait pas. Puis il se dirige vers le lavabo où il se sert un grand verre d'eau.

- Tu en veux ?

Incroyablement surpris, Jean se redresse, se lève, et marche vers Patrick.

- Oui, merci.

Patrick remplit les deux verres. Les deux hommes assoiffés font cul-sec.

- Ne te méprends pas. Si je dois te tuer, je le ferai, menace Patrick en posant son verre.

Jean marque le coup. Il ne joue plus aux gendarmes et aux voleurs. Il est enfermé avec un type qui a kidnappé une femme, et qui vient de le menacer de mort. Fini la rigolade. Jean s'est mis dans les gros problèmes.

- Je m'appelle Jean. Et toi ?

- Patrick. Comment tu as fait pour t'introduire dans le studio ? La porte est toujours fermée.

Jean doit réfléchir en un dixième de seconde. Le colosse ne connaît pas la trappe. Est-ce possible ? Soit Jean garde l'information, soit il la partage. C'est trop long, l'autre va se douter de l'embrouille. Jean se lance.

- Par la trappe, répondit-il en retournant vers la chambre. Là, tu vois, il y a une trappe incrustée dans le béton. Quand tu es dans le souterrain, tu pousses, et zou elle s'ouvre.

- Qu'est-ce que c'est que cette histoire ? Patrick, étonné, s'assoit sur le lit.

- Sous ta maison, c'est un vrai gruyère. Il y a un souterrain qui mène peut-être à un trésor. C'est comme ça que je suis arrivé ici. Par hasard.

- Tu ne veux pas t'essuyer ? Tu fous du sang partout, c'est dégueulasse.

Patrick lui tend une serviette dont on s'est déjà servi. Jean la regarde dubitativement mais ne fait pas le difficile. Il compresse son nez et se penche en arrière. Jean observe cette planche et imagine son évasion.

- Je vois à quoi tu penses, dit Jean. C'est de l'agglo qui doit recouvrir une dalle d'acier. Si on se met à gratter maintenant, nuit et jour, dans dix ans on est dehors. Elle pèse un âne mort, cette planche. On ne l'aura pas comme ça. Même en lui foutant le feu, ça ne marchera pas. Ah ! Elle nous a bien baisés celle-là !

Perplexe, Patrick observe son nouveau camarade de chambre. La serviette sur le nez. Une pommette ouverte. Il a bien récupéré. Lui n'a rien, un sournois mal de tête essentiellement dû à la contrariété. Il n'aime pas les surprises et trouver ce mec avec Emilie l'a profondément perturbé. Emilie a programmé son attaque, elle a agi méthodiquement.

- Tu es venu souvent ? interroge Patrick.

- Non, je suis venu à la fin de l'été et aujourd'hui.

Jean ne souhaite pas entrer dans les détails.

- Je m'en souviens, j'avais senti une odeur d'humidité, de moisi. Je me rappelle maintenant. Je n'ai pas été assez vigilant. C'est quoi cette histoire de trésor ? Tu es un chercheur de trésor en caleçon ?

Jean se dit que ce n'est pas le moment de se rater. Faire des confidences, c'est bien, mais c'est aussi donner des armes contre soi. Moins tu en dis, mieux tu te portes. Par exemple dans une soirée, tu peux faire rire tout le monde, animer les conversations toute la nuit. Mais le mec cool, c'est le type qui va dire deux phrases au bon moment. C'est injuste mais c'est comme ça. En plus, Jean sait qu'il n'a aucun des deux talents. Il va devoir peut-être, pour la deuxième fois de sa vie, jouer la carte de l'honnêteté.

- Disons que les circonstances m'ont conduit à me déshabiller avant de monter dans le studio. Mes habits sont restés à l'extérieur, d'où le caleçon.

- Parle-moi du trésor.

- Je ne sais pas vraiment s'il existe, mais nous sommes plusieurs à avoir fait des recherches, qui nous ont menés jusqu'au souterrain. De là, nous avons cherché, certains dans les livres, moi sur le terrain, un passage pour rejoindre une crypte qui se trouve sous l'abbatiale de Solignac. Dans cette crypte, il y a saint Théau qui était élève orfèvre de saint Eloi.

- Et alors, vous l'avez trouvée cette crypte ?

- Pas vraiment. On pense savoir où elle se trouve mais il est impossible d'y accéder.

- Effectivement, ça a l'air compliqué ton affaire.

- En réalité, c'est qu'on parle de ces fabricants de bijoux, vieux de quatorze siècles, enterrés à trente mètres d'ici, dans un lieu inaccessible. On peut naturellement imaginer plein de trucs.

- Je comprends, dit Patrick, sincère.

- Comment se fait-il que tu ne connaisses pas l'existence de cette trappe ?

- C'est la maison de mes parents. Quand ils sont partis, j'étais encore jeune et je me suis occupé de ma sœur qui est handicapée. La pièce existait déjà, je n'ai fait que l'aménager pour répondre à ses besoins.

- Tu l'enfermais ici pour son bien ? C'est ça que tu es en train de me dire ?

- Je sais, ça peut paraître étrange mais c'est bien le cas. Quand les services sociaux me l'ont enlevée, j'étais déboussolé. Complètement perdu. Puis j'ai trouvé Emilie dans les bois après son accident de voiture, et voilà.

- Voilà ? C'est dingue ! s'exclame Jean, pensant que là, il est vraiment tombé chez les timbrés.

- Je sais que la situation peut paraître comique, mais je crois qu'on est coincés ici tous les deux pour un bon bout de temps. Patrick tente un sourire vers Jean qui est loin de le partager.

Chapitre 18 : Le bain.

Elle reste un petit moment en bas, derrière la porte. Elle se retourne et commence son exploration. D'abord, elle remarque un nombre important de vannes et de tuyaux, un petit voyant rouge, puis des étagères sur lesquelles sont alignés des conserves, des couverts en bois, des chaînes, des câbles et des serflex, et juste à côté la cave à vin contenant une cinquantaine de bouteilles.

Au fond se trouve un établi, les clés plates et à pipe sont accrochées méticuleusement, par ordre croissant. L'escalier avec sa rampe solidement arrimée par des câbles en acier est placé face à la porte du studio. Sans trop regarder en arrière, elle grimpe les marches jusqu'à une lourde porte. En actionnant l'interrupteur qui éteint la lumière derrière elle, Emilie a la sensation de tourner le dos à son ancienne vie, à sa captivité.

Elle est libre. Elle souhaiterait crier son bonheur à la terre entière mais il n'y a personne. Ce n'est pas grave, elle se met à hurler le plus fort possible, de toute son âme. Seule, elle explose de joie, de colère, elle ne sait plus. Elle est libre, elle souhaite peut-être partir, changer de vie et rejoindre ses parents. Elle gueule son désespoir et les mois perdus. Elle pleure de joie et d'espoir. Comme pour une finale de coupe du monde, son plan a fonctionné : elle a gagné.

Du revers du coude, elle essuie quelques larmes de bonheur et marche jusqu'à la cuisine. Elle s'en souvient, pense que ça fait mille ans mais se rappelle, comme dans un flash, la fenêtre qui donne sur la rue, Patrick qui l'ausculte, et le son des cloches.

Elle sort sur le perron. C'est l'hiver et le froid glacial lui fait du bien, il pique son épiderme, rougit ses joues. Pas du tout habillée pour la saison, elle reste cependant encore un peu. Une voiture passe devant elle, tout la réjouit. Elle se résigne à rentrer, ferme la porte, s'adosse à la table et évalue les choix qui s'offrent à elle.

Les laisser crever de faim, qu'ils se bouffent entre eux. Ou bien, les torturer jusqu'à ce qu'ils crèvent. Introduire des serpents, des araignées mortelles dans le studio serait certainement très drôle, mais il faudrait filmer, et vendre le film sur le darknet. Les obliger à avoir des relations sexuelles entre eux, et pourquoi pas des relations sadomasochistes, trop cool. Emilie a le temps, il faut qu'elle y réfléchisse. A présent elle continue le tour du propriétaire, mais l'idée de filmer lui reste en tête.

Elle emprunte le couloir et tourne dans la chambre qui l'a accueillie à son arrivée. Rien n'a changé, elle est exactement la même : le vieux lit confortable, le tapis à franges, la commode en merisier, les rideaux de trente ans et la tapisserie qui, un jour reviendra peut-être à la mode. Une déco que l'on peut facilement qualifier de moche. Néanmoins, tout est propre et bien entretenu. Elle se sentait bien dans cette pièce, elle décide donc que ce sera sa chambre.

En reprenant le couloir, telle une exploratrice, elle pousse les portes, les unes après les autres. Celle-là, c'est la chambre de Patrick, la seule en désordre avec des fringues par terre, des chaussures sales, et une odeur virile d'homme mûr. Elle fouille dans le placard et trouve des t-shirts qui pourraient aller... Les pulls, mille fois trop grands, serviront de plaids. Elle lui pique un boxer, marre d'avoir les fesses à l'air, elle l'essaie et évidement, il ne tient pas et lui tombe aux chevilles. Emilie éclate de rire, ça ne va pas le faire... Tant pis, elle devra ruser pour récupérer ses fringues.

Puis la salle de bain, avec une douche sur la gauche, une grande fenêtre qui donne sur le jardin, et une baignoire. Suivant son instinct, spontanément, elle ouvre le robinet d'eau chaude, ferme la bonde de fond, verse du bain moussant. Elle se fait couler un bain de l'espace. L'impression de faire une bêtise ; elle descend à la cave, regarde les étiquettes, trouve un Chablis, retourne en cuisine, débouche la bouteille, ouvre les placards, prend un verre et se dirige vers son bain qui est à présent bien rempli. Elle trempe un doigt dans l'eau bouillante, obligée de rajouter un peu d'eau froide. Enfin la température est idéale, elle s'immerge jusqu'au cou, puis plonge la tête, entièrement, quelques secondes. Le plaisir est intense, le bonheur extrême. Elle est enfin libre. Elle boit une gorgée de ce vin blanc qu'elle trouve fameux. Elle observe minutieusement la pièce : tout est propre et bien rangé. Un peu tendue, elle se force à baisser les épaules sous le niveau de l'eau, utilise une technique de respiration pour trouver enfin le calme et la sérénité qu'elle avait oubliés. Inspirer par le nez, compter jusqu'à quatre, retenir sa respiration sept secondes et expirer par la bouche en comptant jusqu'à huit. Elle ne sait combien de fois il faut rééditer l'opération, mais ça marche. Elle ferme les yeux, à deux doigts de s'endormir. Fière d'elle, elle se ressert un verre de vin, se sera son dîner.

Reste un petit problème : que va-t-elle faire des deux types d'en bas ? Son plan ne le prévoyait pas. Est-elle inconsciente de ne pas aller chez les flics tout de suite ? Rien ne presse, personne ne sait où elle se trouve, seul Patrick connaît son identité mais pour l'heure il est bien inoffensif. Il ne faut surtout pas se précipiter ; demain sera un nouveau jour.

A présent, l'eau tiédit et Emilie commence à avoir la peau marquée. Elle sort, détendue, déplie une serviette d'une douceur digne de l'armoire de nos grands-mères, sent à pleins poumons la très fraîche odeur de linge propre, puis glisse le tissu doucement sur son corps, s'essuie les épaules, descend sur les bras, caresse sa poitrine. Remontant à présent des jambes vers le haut de ses cuisses, elle s'attarde sur son sexe, un mouvement lent de haut en bas de plus en plus rapide. Elle laisse tomber la serviette et continue à se donner du plaisir. Assise sur le rebord de la baignoire, Emilie se caresse langoureusement. Les râles de plaisir s'échappent de sa bouche entrouverte. Penchée en arrière, une main malaxant énergiquement son sein droit, pinçant son téton entre l'index et le pouce, l'autre main caressant son clitoris à présent plus vigoureusement, libérant un doigt qu'elle introduit dans son vagin, elle ne pense qu'à son propre plaisir, à l'orgasme qui ne tarde pas à arriver. Elle crie sans retenue et jouit, libérée. Elle ressent un bien-être extrême qu'elle n'a jamais éprouvé avant.

De retour dans la chambre, elle passe un t-shirt de sumo, trouve dans la table de nuit un livre de Luc Chomarat : l'histoire d'un agent secret. C'est parfait pour ce soir. Elle attaque le roman, ne le lâche que tard dans la nuit. Elle ferme les yeux. Soudain, comme une toxicomane en manque, elle bondit du lit et sans allumer la lumière se précipite dans la cuisine, ouvre tous les tiroirs du meuble en formica, regarde sur les étagères, comme un cambrioleur pourrait le faire et cherche partout. Il n'est pas dans la cuisine. Elle retourne dans la chambre, ouvre un à un les tiroirs de la commode, regarde sous les draps. Enfin elle découvre son téléphone portable.

Evidemment la batterie est vide, il faut dégoter un chargeur. Elle revient dans la chambre de Patrick, et repère au pied du lit un vieux portable qui charge. Emilie prend le câble, connecte son appareil dans sa chambre. Se souvient-elle encore de son mot de passe ? Elle attend encore un peu, puis se lance : huit caractères, une majuscule et son surnom, Milie, deux chiffres et un signe spécial : trente-deux et plus.

La page d'accueil s'ouvre. Le pin, facile ! Quatre fois zéro. Une foule de notifications tombent les unes après les autres. Des messages, des mails dans la boîte professionnelle aussi bien que dans la personnelle. Des notifications sur les réseaux sociaux : Insta, Facebook, Tweeter. Elle commence par écouter les messages vocaux.

Vous avez soixante-douze messages ; message reçu le quatre septembre à huit heures deux. « Bonjour Emilie, c'est le Docteur Reynier à l'appareil, nous te cherchons partout, j'espère que tu pourras nous expliquer ce qui se passe. Rappelle-moi ». Emilie l'efface instantanément et reste un moment à regarder l'écran.

Se replonger dans son passé si brutalement est une épreuve. Elle arrête là pour ce soir. Cette voix, le ton employé par ce type qui se veut à la fois défiant et autoritaire la terrifient. C'est tout ce qu'elle déteste. Pauvre mec ! On se casse la gueule en voiture et sa première réaction est de me menacer.

Elle pose son smartphone sur la table de nuit, et éteint. A-t-elle bien fait d'ouvrir sa messagerie ? Sûrement mais certainement pas ce soir. Elle est bouleversée par le ton employé par son ex futur beau-père.

Elle rallume la lampe de chevet, prend son portable et continue. Vous avez un nouveau message, nouveau message reçu le quatre septembre à huit heures quatre. Les gendarmes cette fois, et encore Reynier. Le discours sensiblement toujours le même : menaçant, jamais compatissant. Ensuite son directeur régional qui n'est pas non plus le roi de la diplomatie : « Je vais te faire virer », crache-t-il. La fréquence des insultes diminue, les appels s'estompent, les relations humaines de la boîte prennent le relais : « Veuillez-nous recontacter au plus vite ».

Exaspérée et fatiguée, Emilie enchaîne les annonces de collègues, copines et enfin de Paul son mec.

« Bonjour Emilie, j'espère que tu vas bien, je ne sais pas où tu es, ni ce que tu deviens. Moi, je récupère doucement l'usage de ma jambe, je garderai des séquelles, c'est sûr mais je remarche, c'est la bonne nouvelle. J'ai insisté auprès de mon père pour qu'il retire les plaintes contre toi. Je pense qu'il l'a fait ce matin. J'ai une jolie kiné qui m'accompagne dans ma rééducation et un peu plus, si tu vois ce que je veux dire. Enfin, voilà, je ne t'en veux plus, je respecte tes choix. Un jour peut-être nous croiserons-nous, et tu pourras m'expliquer. Je t'embrasse, prends soin de toi. »

Des larmes sont montées naturellement au coin de ses yeux, ces mots touchants lui ont fait du bien. Elle se retrouve vraiment libre de ses mouvements. Paul est un mec bien, elle lui souhaite le plus grand bonheur avec sa kiné. Oui, peut-être un jour aura-elle l'occasion de s'expliquer, mais en a-t-elle réellement envie ? Pas sûr. Elle éteint.

Chapitre 19 : Le bandeau.

Patrick essaie de ne pas détester Jean. Il se dit que s'ils sont là, ensemble, à partager ce studio pour peut-être plusieurs jours, il faut que chacun y mette du sien.

- Il faut établir des règles avant qu'on s'étripe, propose Patrick.

- Je suis d'accord, acquiesce Jean.

- Je dors sur le lit et toi par terre. Je suis chez moi, et toi tu n'es même pas invité. Sauf pour mater un film ou une série. Tu es ok avec ça ?

- Pour le lit, on ne peut pas faire un roulement ? propose Jean.

- Non, je ne crois pas. Adjugé ! Je prends le lit.

Les deux hommes assis, l'un à table, l'autre sur le lit, tentent d'envisager l'avenir. Leur futur s'est assombri si vite qu'ils n'ont pas eu le temps de réagir.

- Pour la bouffe, je crois qu'elle nous a oubliés ce soir. Dorénavant, je te propose de négocier avec elle, j'ai l'impression qu'elle ne te porte pas dans son cœur.

- Je ne vois pas pourquoi tu dis ça. On a des rapports courtois. Toi, je te rappelle que tu l'as kidnappée quand même, ce n'est pas rien.

- Parce que tu penses que de ne pas la libérer, ce n'est pas pire ? En plus, tu as bien dû lui faire du chantage ? Je me trompe ?

Jean regarde attentivement le plateau de la table, pliant, dépliant ses doigts, caressant ses mains.

- Oui, mais moi je n'ai enlevé personne, dit-il à voix basse.

Un silence de réflexion s'ensuit. Les deux hommes restent campés sur leurs positions. Lequel est le plus coupable ? Devant la loi ou devant la morale, cette question plane quelques instants dans la conscience des détenus.

- Bon, on se mate un film ? Tu veux ?

- Mais où tu as vu une télévision ici ?

Très fier de montrer son installation, Patrick appuie sur la touche « on » de la télécommande. L'écran descend, le vidéoprojecteur s'allume.

- Trop bien ton écran, c'est comme au cinéma.

- C'est moi qui l'ai installé, c'était pour ma sœur. C'est elle qui vivait ici avant qu'on me l'enlève. On adorait regarder des films. Et puis elle est partie à l'asile.

- Elle te manque ? Pas vrai ?

- Oui, mais tu vois, c'est aussi un soulagement de savoir que maintenant, on s'occupe bien d'elle, avec des médecins, un centre adapté, parce qu'elle est timbrée. Pour moi, ce n'était pas facile, et puis je travaillais, je n'avais pas toujours le temps ni la patience pour elle. Tu comprends ?

- Tu sais, tu as peut-être fait au mieux, comme tu as pu surtout.

Ces mots réconfortent Patrick, il ne veut pas le montrer, mais ça lui fait du bien d'entendre ça.

- Et toi comment tu as atterri ici ? Un chercheur de trésor, en caleçon, dans mon studio ?

Jean savait qu'il n'allait pas y couper, le passé va remonter. Moins on en dit, mieux on se porte.

- Je suis corse, j'ai travaillé longtemps sur Paris, c'est pour ça que j'ai perdu mon accent. J'avais une pizzéria et je me suis fait arnaquer par mon oncle. C'est un peu long à raconter mais le chef local me réclamait toujours mon loyer.

- Et alors ? interroge Patrick passionné.

- Je n'ai pas voulu le payer. Je suis parti. Alors ils ont envoyé mon cousin pour me ramener en Corse. Finalement, il m'a retrouvé vers Limoges, j'ai été obligé d'improviser. J'ai échangé mon identité avec celle d'un moine qui débarquait à Solignac.

- C'est incroyable !

- J'ai rendez-vous avec lui le quatre septembre à seize heures sur le parking de la grande surface de Boisseuil pour retrouver mon vrai moi et mon pickup tout neuf. A la date anniversaire de notre rencontre. On voulait fuir tous les deux notre famille. On s'est arrangé. Je ne pouvais pas imaginer que ça allait tourner au fiasco.

Jean a finalement tout déballé, il est soulagé, libéré, c'était devenu trop lourd à porter. C'est la première fois qu'il se confie. La sensation de se sentir plus léger doit être la même que celle qu'on ressent quand on sort de chez le psy. Il est heureux que quelqu'un sache qui il est vraiment.

- Emilie est au courant ? demande Patrick, se redressant sur ses deux bras.

- Non, elle ne sait rien. Elle ne sait même pas que j'ai été moine.

Les deux hommes se mettent à rire franchement, sans retenue. Patrick sent que Jean ne lui a pas menti, et il le remercie pour sa franchise. Ils ne sont pas copains mais leur relation s'est pas mal améliorée.

- Toi, tu sais comment on va sortir de là ?

- Je pense que oui. Je ne suis pas très inquiet, rassure Patrick.

- Et comment va-t-on faire ?

- Quand elle va décider de nous apporter à manger, il faut que nous soyons prêts.

- On lui saute dessus ?

- Non, le secret, c'est la porte et le bipper. Elle ferme avec un mécanisme, il suffira qu'on la bloque quand elle l'ouvrira.

- Et avec quoi, les morceaux de chaises ?

- Exactement. C'est pour ça que je les ai posés juste à côté. Dès qu'elle ouvre, zou un petit morceau de bois, et la porte reste ouverte. Ensuite, on récupère le bipper. Mais on ne lui fera pas de mal, on est bien d'accord ?

- Ne t'inquiète pas, j'ai été moine dans une autre vie.

- Bon d'accord, alors on se regarde quoi ?

Jean s'installe à la place de la table de nuit, dans le petit coin, il demande un coussin, et s'allonge confortablement. Que s'est-il passé dans le monde depuis six mois ? A l'abbaye, il ne s'est pas intéressé aux informations.

- Tu peux mettre une chaine d'info, s'il te plaît, pas longtemps, juste pour voir ?

- Oui, laquelle veux-tu, celle-là ?

Deux journalistes sur un plateau de télévision commentent la sortie de l'église d'une famille abattue par le malheur.

« On entend bien les larmes de la famille, lâche le journaliste, lors de l'enterrement d'une gamine assassinée. Vous êtes émus d'entendre le frère de la victime ? Une union nationale, devant le ministre de l'Intérieur ! C'est la France qui est en deuil. L'essentiel, c'est ce qui est arrivé à cette enfant. Les caméras respectent l'intimité de la famille... regardez ces larmes. Que l'on soit pour l'extrême droite ou non, on ne parle que de la dignité de la famille, il y a un temps pour tout... Si la meurtrière n'avait plus été sur le territoire français elle n'aurait pas pu assassiner la petite fille »

- C'est n'importe quoi, dit Jean.
- Bon je laisse ça ou je termine ma série ? Patrick n'est emballé par aucun des choix, c'est toujours les filles qui décidaient.
- Tu fais quoi comme métier ? demande Jean qui n'a pas vraiment envie de dormir.
- Je m'occupe des jardins et du petit bricolage chez les gens de la région.

Intéressé par une reconversion possible, Jean insiste.

- Et tu gagnes bien ta vie ? Et les horaires sont cool, non ?
- Cool, je ne sais pas ; en tout cas je suis mon propre patron. Et je choisis mes clients. Je ne me fais plus emmerder par des cons. Je gagne suffisamment pour vivre ici. Tu sais, je n'ai plus beaucoup de frais. Et les gens sont gentils. Bon, j'attaque la série.
- Attends, attends ! Regarde le bandeau des infos. Remets, s'il te plaît.

Jean se redresse et, le doigt dressé vers l'écran, indique à son compagnon de chambrée l'endroit où il faut regarder.

- Qu'est-ce qu'il y a ? Tu as vu un fantôme ?
- Mieux ! Attend, il va revenir, il y a eu une fusillade en Corse, je n'ai pas bien vu le nom du mec, mais ça ressemble au nom d'un type que je connais.

Vraiment très excité, Jean croit avoir vu la fin de ses problèmes.

« Fusillade en Corse du sud lors de l'enterrement d'Ange Santoni : au moins un mort et un blessé grave. »

- Yes ! Je suis libre, s'exclame Jean en se retournant vers Patrick. Il fait le « V » de la victoire. Le mec dont je t'ai parlé, à qui je dois du pognon, c'est lui ! C'est Ange Santoni ! Il est mort et enterré, ma dette avec !
- Je suis content pour toi. Bon, je peux regarder ma série maintenant ?

Jean, le sourire aux lèvres, retrouve son coin entre le lit et la cloison. Il est heureux, enfin libre, il va pouvoir retourner sur son île. Il va peut-être ouvrir sa propre affaire, remonter une équipe, contacter Marion, son ancienne chef de salle. Il savait que cette histoire ne pouvait que bien se terminer.

Mais pour l'heure, il regarde la fin d'une série, couché par terre au côté d'un bûcheron qui s'est endormi et qui ronfle.

Chapitre 20 : Le câble.

Le nez sous l'édredon, elle se retourne encore une fois, détend ses jambes, prête pour un petit déverrouillage matinal. Elle s'étire, un sourire irradie son beau visage. Son t-shirt lui remonte sous la poitrine, elle le tire un peu, se met sur le dos, prend le temps de regarder le plafond. La journée risque d'être bien remplie. Elle attrape son téléphone : onze heures.

Une fois habillée, café à la main, elle cherche comment nourrir les fauves du sous-sol, regarde dans le grand tiroir du bout de table dont la profondeur est impressionnante. Elle racle le fond, trouve une boule de pain de campagne à peine entamée. Dans le réfrigérateur, quatre tranches de jambon blanc sous plastique, c'est parfait, ils vont se régaler.

Elle descend le butin mais avant d'ouvrir la cage aux lions, elle prend un câble métallique sur l'étagère, le tend entre la poignée du studio et le poteau de départ de l'escalier. Elle se laisse une vingtaine de centimètres de mou. Le système mis en place, elle ouvre la porte et la pousse. Aussitôt, un barreau de chaise vient se positionner au bas de l'entrebâillement, et de gros doigts agrippent le côté de la porte pour forcer l'ouverture, mais en vain, la prise est insuffisante.

- Coucou les gars, vous avez passé une bonne nuit ? Satisfaite de son stratagème, Emilie nargue ses prisonniers.

Patrick constate son échec. Comment a-t-elle su ? C'est évident, Emilie est plus intelligente qu'eux deux réunis.

- Je n'ai pas encore eu le temps de faire les courses, on mangera ce qu'il y a. A la bonne franquette.

Elle passe le pain et les tranches de jambon par l'interstice.

- Faites-en bon usage. Je ne sais pas quand je reviendrai. Si je reviens un jour... Dis-moi Patrick, te souviens-tu où est garée ta voiture ? demande-t-elle à nouveau sérieuse.

- C'est la Mégane rouge devant la maison, répond-il, beaucoup moins sûr de lui.

- Et l'autre, on ne l'entend pas, il dort ?

- Non, je suis là. Jean prend un peu de temps avant de poursuivre. Pourquoi fais-tu ça ? Hier soir, j'apprends que je suis libre. Et maintenant tu vas nous emmerder par plaisir. Ce n'est pas juste, se lamente le pauvre Jean.

- Pardon ? Mais je rêve ! Il me viole et après il vient pleurnicher, hurle Emilie.

- Je ne t'ai pas violée.

Une claque monumentale vient de s'abattre sur la nuque de Jean.

- Arrête-toi aussi, dit-il en direction de Patrick. J'ai violé personne, tu avais le choix. Merde !

Deuxième mandale mais beaucoup plus appuyée. Jean se tient la tête à deux mains, recroquevillé sur la moquette.

- Mais tu es trop con ce n'est pas possible, s'énerve la jeune femme. Profiter de la situation comme tu l'as fait, c'est dégueulasse.

Emilie se penche et pousse le bout de bois.

- Patrick, tu peux me faire passer mes fringues, s'il te plaît ?

- Attends, j'arrive. Après un court silence : Tiens, voilà, je pense que tout y est.

- Merci, Patrick. C'est cool. Au fait, bien essayé les cales avec la porte. Clic.

Emilie remonte et prépare un sac de linge pour les mecs d'en bas. Il faut le faire tout suite pour ne pas risquer d'oublier.

Elle doit régulariser sa situation, un rendez-vous sur Doctolib dans dix minutes, c'est parfait. Les consultations à distance, c'est très pratique. Le médecin se prépare une plage horaire pendant laquelle il enchaîne les téléconsultations au téléphone et se fait rémunérer grâce à la carte vitale. C'est un nid à arrêts de travail, et Emilie prolonge de trois mois supplémentaires son arrêt grâce à l'aide d'un généraliste de la banlieue parisienne.

Elle récupère les clés pour aller faire quelques courses, démarre sans problème l'auto rouge, direction le centre commercial. Emilie est très vite ivre d'oxygène, elle ne va pas pouvoir rester dehors longtemps. Elle est à deux doigts de tomber, obligée de se tenir solidement à la barre du chariot. La grande surface est immense, beaucoup trop pour Emilie. Elle décide de faire demi-tour. Tant pis. Elle quitte le parking et réfléchit à l'endroit où elle pourrait faire ses emplettes. Dans le petit bourg du village, il lui semble avoir vu une supérette.

- Bonjour, dit-elle en entrant dans la boutique.

Une petite dame vient vers elle.

- Bonjour madame, vous êtes nouvelle par ici ?

La patronne zieute la voiture garée dehors. Elle connaît le propriétaire de ce véhicule mais n'arrive pas à mettre un nom dessus.

- Vous venez peut-être visiter de la famille ? insiste-t-elle.

Ignorant les questions de la commerçante, Emilie remplit son panier d'une multitude de fruits et légumes qui lui font envie. Elle avance dans les étroits rayons tandis que la petite dame sur ses talons cherche absolument à savoir qui vient ainsi perturber son après-midi.

- Peut-être pourriez-vous me renseigner ? Avez-vous du pain ? Je ne le vois pas.

- Bien sûr, je vais vous en chercher, mais venez plutôt le matin, il est meilleur. Elle n'a pas l'habitude. Peut-être qu'elle habite en ville ? Toujours aussi curieuse, la vieille épicière.

- Je vais vous prendre le gros pain de campagne. Merci. Combien je vous dois ?

Déçue que l'interrogatoire se solde par un échec, la commerçante ne lâche pas l'affaire. Ici elle connaît tout le monde et elle a bien l'intention que ça dure.

- Par carte ? Elle préfère. C'est une façon discrète de connaître le nom de cette étrangère.

Emilie tend sa carte.

- Voilà ! Je vous remercie. Au plaisir, madame Dubreuil. Victoire de la petite dame qui va pouvoir commencer son enquête.

La curiosité d'Emilie est trop forte, elle se rend à présent à Limoges, chez elle. En milieu d'après-midi, il est assez facile de se garer juste devant son immeuble. Elle scrute le balcon de son appartement au troisième étage. Elle ne voit rien bouger, sort de la voiture, mais au même moment, Paul arrive, béquilles en mains, accompagné de sa kiné. Ils forment un beau couple, rient aux éclats, s'embrassent, ils ont tout pour être heureux. Emilie se rassoit dans l'auto, laisse les tourtereaux entrer dans le hall et disparaître. A son tour elle entre, cherche sa boîte aux lettres, prend son courrier et laisse toutes ses clés à l'intérieur. Elle s'en va. Une page est tournée.

Une petite virée dans Limoges pour le fun et retour à la maison. Elle passe devant la gendarmerie, ralentit, et repart : il faut ranger les courses. Elle allume la radio posée sur le meuble en formica imitation bois foncé et cherche une station diffusant de la musique. The Cure, en fond sonore, pour préparer la bouffe : c'est cool. Elle descend, accroche le câble à la poignée et ouvre.

- Toujours là ? Vous ne faites pas de bêtises, j'espère ?

- Qu'est-ce que tu veux ? demande Patrick, le moins agressif possible.

- Je prends des mesures. On va partir sur du dix centimètres. Merci messieurs. Clic.

Elle inspecte et trouve des Tupperwares. Trop petits ! Trop grands ! Ceux-là sont parfaits ! Elle les nettoie : prêts à être utilisés. Elle trouve les assiettes en carton, on ne sait jamais, ça peut servir. Emilie fait simple, elle n'a jamais été un cordon bleu : steaks hachés spaghettis. Elle en a déjà fait et Paul l'avait félicitée. Le résultat est concluant et ressemble à la photo sur son portable. Elle remplit les boîtes en plastique et descend. Elle installe le câble, et ouvre.

- A table ! annonce-t-elle fièrement.

Une main puissante attrape le haut de son pull et la tire violemment. Son visage se plaque contre la porte. Sonnée, elle lâche le Tupperware, tente de se dégager mais n'y arrive pas. La main puissante renforce sa prise sur le haut de l'épaule. La seule solution pour échapper à cette emprise est de retirer son pull. La main entraîne dans son antre le morceau de tissu. En soutien-gorge, choquée, Emilie se reproche déjà son manque de vigilance.

- Si tu voulais un pull, il fallait me le demander, je t'en aurais passé un, dit-elle encore groggy. Bon, sinon tout va bien je vois. Je vous ai fait la bouffe, régalez-vous. Elle jette les deux boîtes et leur fait passer les couverts qui se trouvent derrière elle. Et surtout ne dites pas merci ! Clic.

Elle n'a pas anticipé la réaction de Patrick. Elle doit être plus prudente. Sa maladresse n'a heureusement pas eu de conséquence. Toutefois, elle ne doit pas oublier que ces deux hommes sont potentiellement dangereux. Elle mange sa salade améliorée, Dépêche Mode en fond, s'offre une pomme du Limousin en guise de dessert.

Elle lit son courrier : toujours des factures et les recommandés de son employeur. Elle ouvre, par acquis de conscience, son relevé bancaire. Son solde est important. Normal, se dit-elle : nourrie, logée et mon salaire qui tombe ... il faut bien qu'il y ait quelques avantages à être otage. Tranquille, elle continue avec le courrier de Patrick : elle va le lui descendre mais jette un coup d'œil avant, par curiosité : des factures et une lettre du centre psychiatrique d'Esquirol. Elle fixe le câble et ouvre.

- Tiens, du courrier pour toi ; dit Emilie, la main tendue dans l'entrebâillement de la porte. Elle souhaite lui prouver qu'elle n'a pas peur de lui, comme pour le défier.

Se rapprochant tel un fauve dompté, Patrick doucement récupère les lettres et laisse échapper un « merci ». Après un peu d'attente, Emilie demande :

- Les nouvelles sont bonnes ? Comment va ta sœur ?

- Justement, c'est Esquirol. Ils me disent qu'elle fait de gros progrès, et ils se proposent de poursuivre l'hospitalisation.

Des larmes de bonheur apparaissent sur le visage du bûcheron. Il relit la lettre et à voix basse, articule : « Gros progrès ».

Chapitre 21 : Les confidences.

Tant que Patrick a les yeux rougis et légèrement humides et qu'il renifle, Jean reste immobile. Il a bien envie d'aller aux toilettes mais n'ose pas s'y aventurer. Il respecte l'énorme émotion ressentie par son codétenu. - Si elle va bien, c'est l'essentiel, finit par lâcher Patrick. Il se lève et va libérer sa vessie, suivi de près par Jean qui a, lui aussi, besoin de se soulager mais se fait encore le plus discret possible.

- C'est tes fringues qui puent ? Je me demandais d'où ça pouvait venir. Patrick sent de loin le t-shirt de Jean en se pinçant le nez. On a un vrai problème, sourit Patrick.
- Il ne faut pas exagérer, se défend le Corse.

Patrick se marre, attrape Jean, lui retire son t-shirt, le pousse sur le lit et s'apprête à lui enlever son caleçon.

- C'est bon, je me rends, je vais à la douche. Regarde dans tes affaires, si je peux mettre un truc.

Jean n'imaginait pas le bonheur que pouvait représenter ce décrassage. Il ne lésine pas sur le gel douche, Patrick sourit en entendant son acolyte fredonner du Mylène Farmer. Jean se frotte énergiquement sous l'eau bouillante, la vapeur envahit le studio, on n'y voit plus à un mètre. A présent, il chante à tue-tête, sans aucune modération : « Je, je… suis libertine… je suis une catin. ». Au bout d'un certain temps, le chant s'arrête, l'eau ne coule plus. Jean apparaît dans le plus simple appareil, nu comme un ver devant Patrick.

- Alors tu as trouvé un truc à me mettre ? demande-t-il sans la moindre pudeur.

Gêné, le bûcheron tourne les yeux, dégage le passage et plonge dans son tas de sapes.

- Tiens, essaie ça. C'est encore à la mode chez toi. Il lui tend un t-shirt turquoise avec le col en « v », et le pantalon de survêtement qui va avec.

- Tu veux dire quoi par-là ? s'offusque Jean, prenant les habits en main.

- Ben rien mais dans ton maquis tu t'en fous d'être habillé années quatre-vingt-dix, non ?

- Je te respecte car tu me reçois chez toi, dit Jean, très gravement. Mais attention ! Je suis Corse, je suis fier de mon île. Vous, sur le continent, vous ne nous aimez pas, sauf pour venir en vacances.

Jean enfile le t-shirt turquoise et poursuit.

- Nous avons réussi à protéger notre littoral, parfois dans les larmes. On est heureux de vous accueillir l'été et créer une économie l'hiver, ce n'est pas si facile. Il y a souvent des tensions, mais jamais envers les pinzutus. C'est pour ça qu'on l'appelle Kalliste, la plus belle île de Méditerranée.

A présent il enfile le bas de survêtement.

- Si tu viens un jour, je t'amènerai chez moi, tu ne voudras plus en repartir.

- Je ne voulais pas t'offenser, j'essayais d'être drôle, c'est raté ! s'excuse Patrick.

- En plus, côté mode, tu m'excuseras mais en Limousin vous êtes quand même bien loin des défilés de Milan.

La vanne a fonctionné, les deux gaillards se détendent. Patrick a bien senti que s'il y a bien un sujet à éviter, c'est celui de la Corse.

- Regarde un peu si je suis beau ! Jean fait un tour sur lui-même.

Patrick a évité le conflit et a plutôt apprécié l'attitude fière de Jean. La porte s'ouvre.

- Tout va bien là-dedans ? balance Emilie d'un ton sarcastique.

Patrick s'approche jusqu'à la voir.

- Bien, et toi ? Regarde-nous, des vrais petits princes. Hein, Jean ? Fais-toi voir ! Il est beau comme un sou neuf.

Jean arrive à la porte, Patrick se retire. Emilie éclate de rire en voyant l'accoutrement du bonhomme.

- Ça te va comme un gant. Tu penses relancer la mode du turquoise ?

Patrick réapparaît et tend le linge sale à la jeune femme. Une odeur nauséabonde s'en échappe.

- Cette odeur ! c'est terrible ! Emilie tient la boule de linge devant elle à bout de bras et se retourne. Clic.

Devant la machine, elle défroisse les vêtements et lit sans vraiment y prêter attention l'étiquette du t-shirt, « frère Jean, abbaye de Solignac ». Mon Jean, se dit-elle, c'est impossible. Putain j'ai fait une pipe au curé ? Emilie n'en croit pas ses yeux. Sans réfléchir, elle fait tourner la machine, et lui revient en mémoire ce que lui a dit Jean, « lui aussi n'avait pas une vie simple. »

Mais qui est-il vraiment ? Un mec normal de quarante ans qui l'a violée. C'est tout ce qu'elle sait de frère Jean. C'est-à-dire rien !

Peut-être a-t-elle encore le temps ? Elle se dépêche et fonce à la superette.

- On a oublié quelque chose, madame Dubreuil ? Dit la commerçante en frottant ses mains froides derrière sa caisse.

- Oui, il est un peu tard, mais avez-vous un gâteau, un gâteau d'anniversaire avec des bougies, s'il vous plaît ?

- Mais bien sûr : fraise chocolat, fait ce matin. Et les bougies, je lui en mets combien ? La dame empaquette le gâteau et se dirige vers le fond de la boutique.

- Vingt, ça suffira.

Emilie paye et s'en va. En regardant dans son rétro, elle voit la dame qui l'observe, curieuse. Elle n'a visiblement pas les réponses à ses interrogations, tant pis ce sera pour une autre fois.

Ravie de la surprise qu'elle va faire à ses hommes, Emilie se dirige vers la salle de bain. Elle se pomponne, rafraîchit son maquillage et redescend : le câble, puis ouverture.

- J'ai une surprise pour vous. Trop contente de son effet, elle rajoute : il y a quelqu'un ?

- Qu'est-ce que tu veux ? demande Jean le plus rapide des deux.

- C'est mon anniversaire ! J'avais oublié avec tous ces événements. J'ai acheté un gâteau, ça fera notre dîner.

- Moi, j'ai carrément la dalle, entend-on au fond du studio. On va te chanter « joyeux anniversaire ».

Les deux mecs se prennent par l'épaule et face à la porte entrouverte entonnent « Joyeux anniversaire, joyeux ... ». Derrière la porte, Emilie allume les bougies, se rapproche au maximum de l'ouverture. On entend toujours le « joyeux anniv... » elle souffle et éteint les flammes. Les applaudissements font suite au chant, puis elle coupe deux grosses parts, et s'en réserve une petite pour elle.

- Tiens, dit Patrick, on t'a fait un cadeau : je me souvenais que c'était ton anniversaire.
- C'est trop gentil ! Emilie est véritablement émue par cette attention : il ne fallait pas !
- Mais si, c'est Jean qui l'a fait, moi je n'ai fait que l'emballer dans le seul papier disponible au studio.
- Un bouquet de fleurs en pliage papier. C'est trop bien. Ça me touche vraiment. Merci vous êtes des amours.

Suit un moment de silence durant lequel Emilie admire son bouquet. De l'autre côté de la porte, les deux hommes se goinfrent. Emilie a envie d'entrer dans la pièce, mais elle sait que malheureusement c'est impossible. Tout comme des lions en cage, même s'ils ont l'air affectueux, à n'importe quel instant ils peuvent la briser.

- Il est bon mon gâteau ? demande Emilie, montrant qu'elle est toujours là.

- Fameux, tu l'as pris à la superette, chez madame Bouchard, la superette du Vigen.
- Elle est charmante, un peu curieuse, mais charmante.

Les deux hommes s'assoient assez spontanément à côté de l'ouverture de la porte afin de poursuivre la conversation et de se rapprocher d'Emilie.

- Dis-moi, Jean, pourquoi y-a-t-il marqué « frère Jean, abbaye de Solignac » sur tes fringues ?
- C'est un peu long à raconter, coupe Jean ne voulant pas donner suite.
- Tu as peut-être autre chose à faire ? se moque-t-elle.

C'est comme mettre de l'argent dans un jukebox, on glisse une pièce et c'est parti pour les explications. Jean donne de plus en plus de détails. Il raconte tout : son oncle et son cousin, le décès de monsieur Santoni et la fusillade à l'enterrement. Puis la grande surface, le changement d'identité, sa vie de moine et le frère Franck...

Emilie a débouché un côte-rôtie deux-mille-onze et servi trois verres.

Jean poursuit avec sa recherche du trésor et la crypte de saint Théau, l'ouverture du souterrain, puis la trappe et le studio. Il arrête son monologue, personne ne veut l'interrompre. Une bonne gorgée, et il reprend son histoire en remontant le temps. Son enfance sans parents, puis la montée à Paris, les petits boulots.

Emilie retourne dans la cave, ne voit pas bien l'étiquette mais elle s'en fout, elle débouche quand même.

Il ne s'arrête plus de raconter : sa vie de serveur, pas de vie de famille, sa vie de gérant de pizzeria et le boum. Et puis Emilie... Il n'en dira pas plus.

A présent bien saoul, chacun se retire dans ses pénates. Clic.

Chapitre 22 : L'enquête.

Le lendemain d'une cuite, la première pensée est toujours la même, plus jamais ça. Boire un peu, raisonnablement évidement, mais trois bouteilles à trois, ce n'est pas bien, elle ne le fera plus jamais. Elle trouve le Doliprane un gramme. Dans vingt minutes elle ira mieux. Le temps de faire couler le café, presser les oranges. C'était une bonne soirée, entourée de ses hommes, Jean qui se confie et qui enfin parle vrai. Il a presque réussi à l'émouvoir.

Ce matin, elle doit faire le marché. Elle prend son panier, met son manteau quand soudain quelqu'un frappe à la porte. Emilie sursaute, surprise, elle ne sait pas comment réagir. Elle regarde par la fenêtre, et se trouve face à un képi. Les regards se figent. Elle se sent démasquée. Comment savoir ce qu'ils veulent ? Elle ouvre.

- Bonjour, gendarmerie nationale, nous pouvons entrer ?

Les deux agents des forces de l'ordre entrent de toutes façons, passent devant Emilie qui reste immobile sur le pas de la porte. Très vite elle comprend que le plus vieux des deux a ses habitudes dans cette cuisine.

- Je peux m'asseoir ? demande-t-il, l'air épuisé en milieu de matinée.

L'un est assis, l'autre debout à la porte, Emilie est saisie d'un frisson d'angoisse.

- Vous savez pourquoi on est là ?

Emilie prend peur. Terrorisée elle commence à trembler, elle regarde les pieds de sa chaise, se demande s'il faut fuir ou se rendre. Peut-elle atteindre la porte ?

- On vient pour un petit café. On ne se connaît pas. Je suis un copain de Patrick. Et je venais prendre des nouvelles. Il est où ? Au marché ? Parti draguer les filles ? La plaisanterie le fait beaucoup rire ; alors Emilie se détend.

- Je vous fais ça tout de suite.

Elle se dirige vers la machine et fait couler le premier expresso.

- Et vous monsieur, un petit café aussi ?
- Oui, c'est gentil merci.

Elle fait les trois cafés et vient s'asseoir en face du chef.

- Du sucre ? Emilie ne sait plus où se mettre, elle est tendue à l'extrême.

- Non, c'est parfait. Dites-moi, il est où notre grand gaillard ?

- Dans ma famille, dans les Vosges. Patrick est mon cousin et il est parti aider son oncle à faire des travaux après la tempête, ment-elle avec un naturel qu'elle ne se connaissait pas. Il m'a demandé d'entretenir sa maison pendant son absence.

- Ah le veinard, il fait combien en ce moment chez vous, moins vingt, pas loin. Il termine sa tasse, la pose et enchaîne.

- Quand il reviendra, comme il connaît tout le monde, vous pouvez lui demander s'il a entendu parler d'un nouveau moine de l'abbaye, qui s'appelle frère Jean. En réalité, il s'appelle Jean Pelletier. Je vous laisse sa photo. Il a disparu, sa famille est très inquiète et très riche. Ils nous mettent la pression pour le retrouver.

Après un court silence, le gendarme pousse sa tasse du bout des doigts, reprend son képi posé sur la table, se dirige vers la porte puis se retourne à la façon de l'inspecteur Colombo.

- Il a bien de la chance, Patrick d'avoir une cousine aussi jolie que vous. On ne s'est jamais vu ?

- Je ne pense pas, répond-elle plus sèchement qu'elle ne le souhaite.

- A bientôt, et merci pour les cafés.

Après le départ des gendarmes, Emilie est épuisée. Elle se pose, essaie de se calmer. Le vieux flic l'a reconnue, c'est sûr. Il n'a rien dit car elle n'a plus de plainte aux fesses, mais il l'a reconnue. Il va s'inquiéter pour son ami Patrick. Il ne va plus la lâcher.

Elle part au marché. Si elle est sous surveillance, il faut faire comme si elle n'avait rien à se reprocher. Manteau, panier, elle remonte la rue, contourne l'abbatiale, et plonge à la première entrée : le vendeur de noix. Elle prend son temps, flâne au gré des couleurs, surprise par les senteurs. Malgré le beau temps, les nez sont rouges, souvent protégés d'une écharpe. A cause du paiement en liquide, tous présentent un syndrome de Raynaud. Un petit attroupement s'est formé chez le fromager, il y a un moine qui discute avec une petite dame sans âge.

- Il a disparu... comme ça ! dit l'homme à la capuche. Comme c'est mon ami, c'est normal que je vous demande si vous l'avez vu. Il n'y a pas de quoi en faire un, bon bref.

Rires autour du moine, Emilie se rapproche encore un peu.

- Nous, on ne voulait pas de vous, maintenant vous êtes là, ce n'est pas pour passer devant nous chez le fromager ; s'énerve la petite dame.

- Je suis dans la file et j'attends mon tour. Mais pour vous être agréable, je m'en vais et je reviendrai plus tard chez monsieur Fromage. Eclats de rires des spectateurs.

Emilie suit le moine, bien décidée à en apprendre un peu plus sur frère Jean. Elle lui laisse un peu de distance, contourne les fruits et légumes et remarque la présence d'un individu qui, comme elle, suit l'homme d'église. Est-ce une coïncidence ? Elle poursuit sa filature, plus discrètement encore. Elle les perd de vue, accélère sa marche : plus rien ! Elle fait demi-tour, se dirige vers le poissonnier et repère enfin les deux hommes qui entrent dans le bar du village. Le moine au comptoir, l'autre homme, en retrait, ne quitte pas sa proie des yeux. Emilie reste dehors, les observe au travers de la vitrine, n'en perd pas une miette.

L'étranger s'approche du bar et interpelle l'homme d'église. Emilie voudrait entendre ce qu'ils se disent. La conversation dure. Les deux hommes discutent calmement. Curieuse, elle entre à son tour dans le bar. Trop tard. Ils sortent et continuent à bavarder en remontant l'avenue du onze novembre mille-neuf-cent-dix-huit. Emilie entend quelques bribes de la conversation car il y a de moins en moins de monde autour d'eux. « Je vous appelle, il n'y a pas de problème. » Puis l'inconnu monte dans un gros 4X4 Nissan noir.

Emilie s'échappe par la rue Notre Dame pour ne pas se faire remarquer, elle contourne le bourg et redescend en courant pour rattraper le moine chez le fromager. Elle se place derrière lui, fait mine de choisir mais quitte la file d'attente lorsque frère Franck repart, chargé de Cantal et de Saint-Nectaire. Le moine fait quelques pas puis se retourne.

- Pourquoi me suivez-vous ? On se connaît ?

- Non, je ne crois pas, dit-elle gênée de sa maladresse.

- Que me voulez-vous ? demande le moine qui ne cache pas ses rondeurs.

- Rien de passionnant. J'ai entendu tout à l'heure que vous cherchiez un de vos camarades et je me disais...

- Vous l'avez vu ? Où est-il ? la coupe frère Franck, très enthousiaste.

- Non bien sûr, je ne l'ai pas vu mais les gendarmes m'ont interrogée ce matin et je voulais savoir si vous pouviez me confirmer son nom.

- Mon ami s'appelle frère Jean, il est moine Bénédictin de l'abbaye de Solignac depuis le mois d'août. J'ignore son nom de famille.

- Ah ! D'accord. Dites-moi, je vous ai vu discuter avec un homme au bar tout à l'heure.

- Oui, très sympathique ! Il a entendu parler, lui aussi, ce matin, sur le marché, de la disparition de frère Jean. Quand il m'a vu, c'est vrai que je ne passe pas inaperçu, il a saisi l'opportunité et m'a offert un café. Il m'a donné ses coordonnées et m'a demandé de le prévenir si j'apprenais du nouveau sur mon ami.

- Je vois, dit-elle, pensive.

Ce couple improbable discute sur le parvis de l'église et les yeux de plus en plus nombreux se posent sur eux. Ni l'un ni l'autre ne souhaite que cet entretien s'éternise et c'est le moine qui prend les devants.

- Excusez-moi, je dois partir. A bientôt peut-être.

- Hé, monsieur le curé, vous pouvez me dire qui est cet homme ?

- Je vous donne sa carte si vous voulez, la nature m'a doté d'une excellente mémoire. J'en profite.

- Merci mon père, à bientôt.

Emilie rentre à la maison auprès de ses hommes. Elle prend son téléphone et cherche des renseignements sur Jean Pelletier. C'est un journaliste et homme politique québécois... Sur google image, on trouve un professeur en neurologie... Il faut orienter les recherches autrement.

Elle descend, accroche le câble, ouvre la porte.

- Vous allez bien ? Je vous ai apporté du Doliprane.

Le premier à tendre la main est Patrick.

- Trop bien, j'ai un mal de tronche ! Tu en veux, Jean ?

- Non merci, je vais bien.

- Dis-moi Jean, je ne savais pas que tu étais une star, se moque Emilie.

- Pourquoi tu dis ça ?

- J'ai fait le marché ce matin et il y a plein de gens qui te cherchent. D'abord les gendarmes...Et la famille Pelletier.

- Qui ça ? Ça n'a rien à voir avec moi.

- Non, en effet, ce n'est pas toi. C'est le fils d'une famille très influente et très riche. Ils cherchent un dénommé frère Jean. J'ai également rencontré frère Franck : très agréable ! Il te cherche aussi.

- Tu l'as rencontré ?

- Oui, très gentil. Et il m'a donné les coordonnées d'un type qui te cherche mais je n'ai qu'un numéro de téléphone. Peut-être sais-tu qui c'est ? Il a un pickup noir.

Jean ne répond pas. Il a déjà beaucoup trop parlé hier soir. Même s'il ne regrette rien, cela ne se reproduira pas.

- Alors ? s'impatiente Emilie, tu ne vois pas qui cela peut être ?

- Ecoute, plein de mecs peuvent me chercher, je ne sais pas moi, un admirateur sans doute. Clic.

Chapitre 23 : Le Colombus.

Deux pizzas faites par monsieur Denis du camion de la place centrale et une part de tarte aux légumes : le déjeuner est servi. Elle a encore le temps et décroche son téléphone.

- Bonjour. Je ne peux pas vous répondre actuellement, veuillez laisser un message après le bip sonore !

- Bonjour, nous ne nous connaissons pas, je m'appelle Emilie et je suis à la recherche de frère Jean... le vrai... J'espère que vous allez me rappeler. A très vite.

Soucieuse d'avoir aiguisé la curiosité de son interlocuteur, elle sait qu'il va l'appeler. Mais quand ? Elle voudrait faire la lumière sur ce mystère le plus vite possible. Qui est ce Jean ? Qui va manger une pizza à midi ? Elle apporte le déjeuner à ses hommes.

- Toute chaude !

Un merci collégial se fait entendre du fond du studio. A priori, ils n'ont pas très faim. Sans se précipiter, Patrick récupère et emporte les deux boîtes. Pas d'énergie ni d'enthousiasme, les deux otages côte à côte attaquent leur repas sans un mot.

- Il y a un problème ? demande Emilie, agacée.

- Il n'y a pas de sauce piquante ? réclame Jean.

- Si, pardon, tiens ! Le sachet est tombé, s'excuse Emilie.

- Patrick, dis-moi ce qui ne va pas. J'essaie de tout faire au mieux tu sais, mais ce n'est pas si facile.

- Je sais, dit le bûcheron, je sais. Un petit temps de latence avant de reprendre : le problème, c'est que tu es dans la merde, Emilie. Mon absence va poser problème et celle de la « star » à côté de moi, aussi.

- Ton copain le gendarme est venu se faire payer le café ce matin. Il est charmant. Officiellement, tu es chez mon père, c'est-à-dire ton oncle, dans le Jura. Tu fais des travaux, après cette tempête qui a fait tant de dégâts. Et, en ce qui concerne Jean, je m'en occupe.

- Si tu le dis, répond Patrick la bouche pleine, alors c'est que tout va bien. Clic.

Assise dans la cuisine devant son café, elle regarde encore son portable, elle n'a pas de message. Elle vérifie qu'elle a bien actionné le son et que la batterie est chargée : tout est bon. Patrick a raison. Il faut qu'elle pense à la suite. Ils ne peuvent pas rester comme ça indéfiniment. Elle doit trouver une solution. Combien de temps doit-elle priver Jean de liberté pour qu'elle se sente lavée de ce qu'il lui a fait ? Que doit-elle faire de Patrick qui l'a séquestrée pendant des mois ? Qu'est ce qui est juste ? Doit-elle libérer les deux hommes en même temps ?

Patrick n'est pas un mauvais bougre. Un concours de circonstances l'a fait se comporter comme il l'a fait. Jean, lui, n'a pas d'excuse, même si tous les hommes auraient agi de la même façon…

Soudain la sonnerie du téléphone résonne, volume au maximum. Emilie sursaute et décroche.

- Bonjour, je suis Jean Pelletier, vous m'avez laissé un message.

- Bonjour monsieur Pelletier, mon nom ne vous dira rien, appelez-moi Emilie. Pouvons-nous nous rencontrer ? J'ai des questions à vous poser sur un autre Jean… Je crois que vous voyez de qui je parle. Elle laisse volontairement un blanc dans la conversation. Puis elle propose un rendez-vous dans une heure, au bar de Solignac.

- Je préfère un endroit plus discret, le bar Le Colombus, dans la galerie marchande de Carrefour à Boisseuil. Comment vais-je vous reconnaître ?

- Merci de m'avoir rappelée. Ne vous inquiétez pas. Moi, je vous reconnaîtrai. A tout de suite.

Emilie raccroche. Les quinze minutes de route lui donnent le temps de reprendre le fil de ses pensées.

Que va-t-elle faire de ses hommes ? Il faut les libérer tous les deux en même temps. Leurs destins sont donc liés. Première conclusion : ce sera la même sentence pour les deux. Elle exige des excuses et des aveux sincères. Une fois qu'elle les aura obtenus, elle décidera de la suite des événements.

Pour l'heure, il lui reste quelques minutes avant son rendez-vous. Elle va s'offrir un cadeau d'anniversaire, peut-être de nouvelles chaussures ou un nouveau sac à main. Elle entre Au Temps des Cerises, dévalise littéralement la boutique. Au vu de la somme laissée, la petite vendeuse obséquieuse insiste pour qu'Emilie accepte la carte de fidélité du magasin. En vain. C'est chargée comme un mulet qu'elle se dirige vers le Colombus, il est l'heure de rencontrer Jean Pelletier. Elle choisit une place dos au mur, se laissant une vue panoramique sur l'entrée quand, pile à l'heure, elle le reconnaît : pantalon chino velours côtelé sable, surchemise flanelle, blouson cuir et paire de workboots aux pieds, un homme élégant. Elle lui fait un petit signe de la main.

- Bonjour. Jean Pelletier ? Asseyez-vous. Je suis Emilie Dubreuil.

- Bonjour, Emilie. On ne s'est jamais vu ?

- Si, ce matin. Je vous ai suivi quand vous discutiez avec frère Franck.

Jean Pelletier est un homme séduisant, de taille moyenne, brun, de silhouette agréable, comme son Jean à elle. Il a visiblement de l'éducation, un timbre de voix plaisant.

- Vous aviez des questions à me poser ? demande Jean, joignant ses deux mains devant lui.
- Oui, je souhaiterais connaître le nom de famille du Jean qui vous a remplacé à l'abbaye.
- Comment connaissez-vous cette histoire ?

Emilie a été maladroite, trop directe. Elle va tomber dans une impasse.

- Vous désirez un café ? N'attendant pas la réponse de Jean, Emilie se tourne vers la serveuse et commande deux cafés, puis marque une pause.
- Je suis une jeune femme de Limoges, j'avais une vie bien réglée, un mec, un boulot, et puis un jour ma vie a basculé. J'ai perdu et l'un et l'autre.
- Je suis bien désolé pour vous mais en quoi cela me concerne-t-il ?
- Je souhaite mieux connaître celui qui a disparu de l'abbaye, cet événement est indirectement lié à ce qui m'est arrivé.
- Je ne comprends pas. En quoi savoir le nom de Jean vous aiderait-il ? Perplexe, l'homme se penche en arrière, les bras croisés.
- Ecoutez, c'est simple, je souhaite enquêter sur lui. Qui est-il ? D'où vient-il ? Je sais aussi que vous avez rendez-vous avec lui le jour anniversaire de

votre rencontre. Je ne peux pas mieux vous dire. De plus, votre famille s'inquiète pour vous, rassurez-les. Je vous le demande comme un service.

- Effectivement grâce à Jean le Corse, ma vie a changé. Je souhaitais en finir, alors qu'aujourd'hui je suis amoureux et heureux. Je vais me marier bientôt.

- Félicitations. Surprise Emilie laisse poursuivre son interlocuteur.

- Vous avez raison, je vais appeler mes parents tout à l'heure. Ils ne peuvent plus rien contre moi. A présent je suis maraîcher à Pierre-Buffière. Avec ma fiancée, on fait les marchés... c'est pour ça qu'on était à Solignac ce matin.

- Comment avez-vous rencontré votre amie ? Emilie pose la question bateau, à laquelle tous les amoureux aiment répondre.

- Il y a six mois, quand j'ai quitté Jean, j'ai fait le plein du 4X4. J'ai eu une embrouille avec son cousin. Il a fini par me laisser partir. Je suis parisien et conduire ce gros pickup, ce n'était pas trop mon truc. La dernière voiture que j'avais conduite, c'était une zoé électrique. Bref, j'étais fier et heureux des décisions que nous avions prises. Je n'avais plus qu'à les assumer. J'ai roulé dans la campagne, j'avais trop peur d'abîmer la voiture sur les grandes routes. J'ai emprunté les départementales, sans destination précise. Petit à petit, j'ai pris de l'assurance et je me suis surpris à allumer la radio et à écouter, en fond, un peu de musique classique. Devant moi une vue magique sur la campagne Limousine : des vaches à gauche, un âne qui me regardait à droite. Je me suis arrêté dans un champ, c'est là, que sortie de nulle part, une belle jeune fille est venue toquer à la vitre de l'auto et m'a demandé si je pouvais l'aider à porter ses fruits et légumes jusqu'à la ferme. Je n'en suis plus reparti.

Heureux d'avoir raconté pour la première fois sa belle histoire et fier du virage qu'il a su donner à sa vie, il sort un portefeuille de la poche intérieure de son blouson et farfouille dans les papiers.

- Ah voilà ! Il s'appelle Jean Mattei. Il habite à Propriano, route Pruno Cervone.
- Je vous félicite et vous remercie de votre gentillesse.

Aucun des deux n'a touché à son café, Emilie laisse un billet de cinq euros sur la table.

- Je vous souhaite beaucoup de bonheur, poursuit-elle. À samedi prochain, sur le marché.
- A samedi, lui dit-il. Libéré d'un poids, il est soulagé d'avoir partagé son histoire avec cette inconnue.

Emilie se débarrasse de ses paquets et va acheter des plats cuisinés pour la semaine dans la grande surface. C'est plus prudent. Si elle continue à la superette, les achats ne correspondront pas à la consommation d'une femme seule. Mais ne plus y aller du tout sera suspect.

Une fois à la maison, elle range les courses, empile les boîtes dans le compartiment congélateur. Elle se libère de son rôle de cuisinière.

Enfin elle va pouvoir faire un tour dans les bois. Le temps est magique en cette fin d'après-midi. Le large chemin qui longe la Briance est bien entretenu. Emilie admire l'architecture de l'immense bâtiment de l'abbaye. Chacune de ces nombreuses fenêtres qui la regardent lui raconte une histoire. Derrière ces murs, des années de mystères se sont accumulées. Emilie imagine les bonheurs et les peines dissimulés derrière ces pierres. Elle cherche à apercevoir la silhouette de frère Franck masqué par un reflet d'une vitre. Elle imagine son Jean vaquant à ses occupations quotidiennes.

La température est subitement descendue de quelques degrés, elle doit rentrer si elle ne veut pas tomber malade.

Chapitre 24 : Le parmentier.

La semaine est passée tranquillement, le temps reste merveilleux pour un mois de février. Emilie a pris du temps pour elle : esthéticienne, coiffeur, petit massage mardi et jeudi. Ce matin, elle repart faire un tour sur le marché. Elle jette un œil par la fenêtre. Quel temps fait-il ? Deux képis s'apprêtent à frapper à sa porte. Elle les devance.

- Bonjour messieurs, quel bon vent vous amène ? leur dit-elle en leur tenant la porte.
- Bonjour, madame, pouvons-nous entrer ?

Le vieux gendarme est déjà assis alors que son collègue n'est pas encore entré. C'est le même couple que la semaine dernière. Le jeune a l'air moins timide qu'à sa première visite. Sans attendre, Emilie, bien rodée, met en route les trois cafés. Naturellement chacun retrouve exactement sa place, le jeune à la porte et les deux autres face à face. Emilie est décontractée, avec une pointe de curiosité. Elle n'appréhende pas cet interrogatoire improvisé.

- Vous avez l'air de vous plaire dans notre belle région ? Vous savez quand les travaux de votre famille se terminent ? demande le plus âgé des flics, aimable.
- Je vois que mon cousin Patrick vous manque. Je pense que ça ne devrait pas trop tarder.

Une conversation banale sur la beauté du village s'ensuit. Peut-être pense-t-elle s'installer dans les environs ? Cet officier est plaisant à écouter, il connait tous les habitants, tous leurs secrets, il a ses sources : Patrick en fait partie.

- Nous avons retrouvé Jean Pelletier, nous avons reçu un coup de fil de sa famille nous demandant d'arrêter les recherches.
- C'est une excellente nouvelle. Emilie ne souhaite pas ironiser sur le succès, somme toute très relatif de la gendarmerie nationale.

Le trio, nez dans les tasses, s'observe. L'ambiance devient plus pesante à cause de l'attitude nonchalante du chef, qui joue avec la visière de son képi.

- Ecoutez, madame Dubreuil. Vous permettez que je vous appelle Emilie ?

Emilie se décompose, anéantie, le chef vient de lui planter un coup de couteau. Elle laisse échapper sa tasse, renverse le reste de café sur la toile cirée.

- Emilie, Patrick est un ami, il s'occupe depuis très longtemps de sa sœur handicapée, je ne voudrais pas apprendre qu'il lui est arrivé quelque chose, un accident par exemple. Je ne sais pas ce que vous fabriquez ici, mais je finirai bien par l'apprendre.

Le gendarme se lève, et conclut :

- Ah ! au fait, nous avons retrouvé l'habit du faux frère Jean, dans un souterrain, mangé par les rats et les souris mais nous n'avons pas retrouvé son corps. Au plaisir.

Emilie reste figée, elle ne s'attendait pas à ça. Elle est toujours assise, les forces de l'ordre ont refermé la porte. Pas question de terminer sa vie en prison, pas après ce qu'elle a vécu, c'est terriblement injuste. Elle va se calmer, mais elle a bien entendu les menaces à peine voilées du chef. Elle doit faire ses choix maintenant, demain il sera sûrement trop tard. Elle imagine les menottes, le fourgon, la garde à vue. Même si elle explique que c'est elle la victime. C'est elle qu'il faut plaindre et pourtant, si elle continue, elle va prendre vingt ans ferme.

Elle retire la carte SIM de son téléphone portable, puis descend, attache et ouvre la porte du studio.

- Salut les hommes, comment allez-vous aujourd'hui ?

Patrick s'approche de l'entrebâillement de la porte et fait un beau sourire à Emilie.

- Ça va ma belle, ça va. Je ne te cache pas que la promiscuité des lieux devient un problème. Pour être honnête, la fin de semaine est compliquée. Je ne suis pas au mieux, mais c'est Jean qui m'inquiète. Il ne mange quasiment plus depuis mardi. On pensait que c'était passager, on ne voulait pas que tu te fasses du souci. Mais tu vois, il dort encore. Je n'ose pas trop le réveiller.

- Et pourtant, il va falloir. Emilie hausse le ton : je veux que vous me fassiez des excuses, des excuses filmées, avec vos noms, prénoms, et tout le toutim. Ensuite, vous décrirez exactement ce dont vous avez été capables. Ce dont vous êtes coupables. Je veux des aveux sincères. Les larmes montent doucement compléter le discours d'Emilie. Je veux que vous regrettiez, je voudrais que tout ça ne soit jamais arrivé. Elle fond littéralement en larmes. Je voudrais que vous n'existiez pas : voilà ce que je veux.

La jeune femme s'effondre, elle a tout sorti et pleure sans discontinuer. Elle renifle tout en hoquetant, s'essuie le bout du nez avec le dos de sa manche. Plus personne n'ose parler, impossible de rompre le silence. La tension était palpable, elle vient d'exploser. Accroupie, elle n'arrive pas à cesser de pleurer.

Jean, qui a entendu la douleur d'Emilie, sort difficilement de son coin, se place à côté de son codétenu et prend le téléphone.

- Je suis désolé Emilie, je ne suis qu'un con, un pauvre type. On va te faire ça maintenant, hein grand ? C'est la moindre des choses, non ?

- Ne le prends pas à la légère Jean, je suis très sérieuse, je souhaite que vous le fassiez sincèrement. Si je soupçonne la moindre fourberie de votre part, si je décèle la moindre malice, je vous quitte.

Elle lui tend le cordon d'alimentation. Clic.

Emilie est contente d'apercevoir le bout du tunnel. Quelle que soit l'issue finale, elle se sent de plus en plus libérée des chaînes qui l'entravent depuis trop longtemps. Il fallait que ça sorte ! Ce sentiment d'injustice est trop fort. Elle doit réagir maintenant et prendre enfin sa vie en main.

Son métier tout d'abord, où se côtoient mensonge et vérité. Elle partait travailler le matin pour rencontrer des professionnels de santé. Elle récitait des argumentaires appris par cœur, comme au théâtre mais sans connaître ni la durée de la pièce ni la qualité de son public, tout en instaurant un climat de confiance mutuelle.

Le rôle de l'industrie pharmaceutique est plus d'occuper la place pour empêcher que d'autres la prennent. Le système de santé en France est ainsi fait, il mise essentiellement sur la prévention et en contrepartie encadre des milliardaires.

Emilie est fatiguée de ce métier qu'elle a pourtant adoré. Rencontrer un médecin pour lui parler d'une nouvelle molécule qui soigne, soulage, facilite la vie de ses patients, c'était un réel plaisir. Trouver les arguments qui vont convaincre le soignant d'utiliser votre marque plutôt qu'une autre était absolument jouissif.

Elle a su prendre du temps pour monter des projets locaux financés par son entreprise et dont la seule contrainte était la rentabilité envisageable. Elle se souvient du programme sur les procédures d'urgence de prise en charge des enfants battus : un légiste accompagné du commissaire de police expliquait à une quinzaine de médecins généralistes comment déceler les premiers signes de violences physiques ou psychologiques causées à un enfant, les procédures, les solutions, les assos... Initier et organiser ces formations était passionnant mais elle sent bien que tout ça est maintenant derrière elle.

Elle n'est plus tout à fait, comme le dit Patrick, une jeune femme. Elle part de zéro, la trentaine dépassée. Elle se trouve pas mal, physiquement en forme, et encore vive intellectuellement. Va-t-elle terminer sur un site de rencontre, quémandant un rendez-vous sans pudeur à des hommes la plupart du temps déjà mariés ? Le paradoxe est d'en être arrivée là : seule, avec deux hommes à la cave.

Elle met à chauffer un hachis parmentier et une blanquette de veau. Pour elle, ce sera une salade améliorée. Elle en a plus qu'assez d'être la boniche, de faire les courses, préparer à manger, elle ne fera pas le ménage. Elle descend, fixe le câble, ouvre. Elle écoute discrètement, sans montrer sa présence, les deux hommes dans leur intimité. La curiosité d'Emilie paye. Les otages sont en pleine tentative de tournage. Ni l'un ni l'autre n'a réellement de talent de mise en scène.

- Assieds-toi plutôt sur le lit, dit Patrick, en essayant de cadrer le visage de Jean.

- Tu vois bien que ça ne va pas. Je préfère être assis sur la chaise, comme au journal de vingt heures. Et cette fois, vérifie que tu es bien en mode vidéo, je ne vais pas la refaire quatre fois !

- Tu vas nous présenter les news ? se moque gentiment Patrick.

Emilie n'ose pas les interrompre. Elle leur demande un exercice qu'elle sait compliqué. Mais pour ces deux-là, elle n'avait pas envisagé les problèmes techniques.

- Bonjour, je m'appelle Jean...

- Attends, l'interrompt le bûcheron, le bouton rouge clignote ce coup-ci. Je pense qu'on n'a plus de batterie. Il faut qu'on le mette à charger.

Emilie tousse discrètement et les interpelle.

- Coucou, j'ai une blanquette et un parmentier. Qui veut quoi ?

Patrick attrape les deux plats brûlants.

- Tu veux quoi De Niro ? Le parmentier ?
- Merci. J'ai faim, confie Jean.

Clic.

Chapitre 25 : Jus de pomme.

C'est avec un plaisir immense qu'elle a espionné ses gaillards. La complicité naissante entre les deux hommes est très touchante. Malgré tout, elle sera intransigeante, elle est capable de les abandonner. Elle a déjà réfléchi : elle peut être une victime silencieuse à condition d'être un bourreau invisible. Sa décision est prise mais elle reste difficile. Pour se sauver, elle n'a plus que cette solution si elle veut continuer à vivre, envisager l'avenir, avoir des projets, se reconstruire. En réalité, elle n'a pas le choix, sa blessure est trop profonde, si leurs pardons sont sincères, ils vivront, sinon...

Elle ne peut pas attendre sans rien faire. Elle décide de se rendre à la gendarmerie, de poursuivre son enquête. A l'interphone, elle se présente sans donner le motif de sa visite. Le portail s'ouvre. Une gendarmette juste sortie de l'école de Saint Astier n'a pas le temps de recevoir Emilie que déjà le chef arrive et prend les devants.

- Je ne pensais pas vous revoir aujourd'hui Emilie, alors qu'est-ce qui vous amène ?

- J'ai le nom du curé que vous cherchez : il s'appelle Jean Mattei, il habite à Propriano en Corse.

- Je vous remercie de cette information mais nous avons arrêté les recherches. Il est majeur, il n'est pas obligé de rester moine toute sa vie. Tant qu'il ne trouble pas l'ordre public, je ne vois aucune raison de bouger. Nous avons vu son ami le frère Franck, nous sommes désolés pour lui mais en ce qui nous concerne, l'affaire est close. Je peux me permettre une question ?

- Allez-y ?

Emilie est dans la grotte de l'ours, si elle fait un faux pas, elle sera dévorée. Mais elle prend le risque.

- Pourquoi vous intéresse-t-il, ce Jean Mattei ?

- J'ai appris son nom par hasard et je pensais que cela vous intéresserait. Je me suis visiblement trompée, ce n'est pas grave. Emilie se rapproche de la porte. Le chef derrière son ordinateur lui demande :

- Mattei, avec deux « t » ? Il y a bien quelqu'un qui le cherche votre ami ; c'est La société Coutot-Roehrig, une entreprise de généalogie. En général, ils recherchent des débiteurs, parfois des héritiers. Quand on sait que le notaire rémunère le généalogiste, cela signifie que si vous contactez directement le notaire, celui-ci fait de sérieuses économies. Voilà Emilie, j'espère que cela vous sera utile. Je vous aime bien, vous savez ? Il appuie sa déclaration d'un petit clin d'œil.

- Je vous remercie monsieur, c'est très aimable de votre part. Je vous tiendrai au courant de mes recherches, si toutefois cela vous intéresse toujours.

- Bien sûr Emilie, à bientôt.

Elle se retourne, fait un large sourire au vieux gendarme, et s'en va. Elle ne pensait pas qu'il l'aiderait, mais à quoi exactement ? Jean l'intrigue, c'est pour lui qu'elle fait tout ça. Elle va continuer à fouiner dans son passé.

Elle monte dans la Mégane, direction Pierre-Buffière. Une fois sur place, elle s'arrête au bar les « « Trois Vallées » pour demander où habite le maraîcher, Jean Pelletier. Malheureusement, personne ne le connaît. En revanche, le monsieur conduisant lentement un pickup noir immatriculé en Corse, celui qui s'est mis avec la fille du facteur, il est bien gentil, il a toujours un mot poli, en plus il l'aide bien aux légumes, ça marche depuis qu'il est arrivé. Il est travailleur, il se dit qu'ils attendent un petit. On ne sait pas, mais c'est ce qui se raconte. A cette heure-ci, ils sont aux pommes, c'est facile à trouver. Vous faites demi-tour, vous traversez la Briance, au pont neuf, encore à droite, vous roulez un peu et c'est sur main gauche, vous ne pouvez pas vous tromper.

Emilie, assise dans la voiture, sèche ses larmes de rire : c'est trop bon. Le pont n'a rien de vraiment neuf, mais elle poursuit et suit les explications. Elle arrive dans un corps de ferme somptueux. Le 4X4 noir est garé devant la porte de la grange. La ferme est bordée par le Blanzou qui coule nonchalamment vers la Briance. Emilie longe le mur de pierres qui mène jusqu'à une grille en fer forgée grise ouverte. Il n'y a pas de sonnette mais celle-ci ne servirait à rien, tant marcher sur ces gravillons fait office de clairon. Elle continue le long du bâtiment qui n'en finit pas. Soudain un chien lancé à pleine vitesse dérape à l'angle du mur, prend un virage le plus serré possible, Emilie n'a pas le temps de réagir. Le clebs est sur elle en huit foulées, et d'un bon extraordinaire lui saute dessus. La langue pendante, l'épagneul breton, toujours content d'avoir de la visite, le fait savoir à ses invités. Les deux pattes de devant tendues, celles de derrière, montées sur ressort, il tente de lécher le visage de l'inconnue.

- Viens ici ! Pébé, arrête, viens là, dit Jean Pelletier à son chien presque obéissant. Il est jeune, il faut lui pardonner mais vous avez vu, il n'est pas vraiment méchant.

- Plutôt très affectueux, oui, je vois. Emilie essaie de le repousser le plus doucement possible sans vraiment y parvenir et s'essuie les mains trempées de bave canine sur son pantalon. Je ne vous dérange pas, j'espère ?

- Non, entrez, pousse-toi le chien, entrez. Vous désirez boire quelque chose ? Un jus de fruit ? Nous faisons notre jus de pomme, c'est excellent.

- Je veux bien goûter, répond-elle, surprise de cet accueil chaleureux.

Jean est sorti, laissant Emilie dans la cuisine, la tête de l'épagneul sur les genoux. La décoration est simple, mais réalisée avec goût. Une vaste table campagnarde en chêne, entourée de chaises en fer forgé design. De grosses poutres apparentes traversent le grand volume, le sol est recouvert de dalles en pierre naturelle. Au mur, une carte de France scolaire, physique des reliefs des années mille-neuf-cent-cinquante et une échelle Monoyer un peu plus ancienne. Emilie se met à cinq mètres et teste sa vue. Elle ferme l'œil gauche, elle arrive à lire les petites lettres à dix sur dix, M, T, V... Test l'autre œil, toujours dix sur dix. C'est parfait.

Elle n'entend pas la jeune femme qui arrive derrière elle.

- Si vous lisez de bas en haut sur la gauche, vous avez le prénom Ferdinand et si vous lisez de bas en haut à droite, vous avez le nom de l'inventeur de cette échelle de teste de la vision : Monoyer. Bonjour, excusez-moi, j'étais en train de trier les pommes.

- Bonjour, je m'appelle Emilie, vous avez une très belle maison. Elle montre avec de grands gestes l'immense espace autour d'elle. J'ai rencontré votre mari car nous avons un ami commun qui a disparu, et...

- Attendez, la coupe la jeune femme, vous ne voulez pas goûter mon jus de pomme avant ?

Emilie se rend compte qu'elle est tendue, nerveuse. Son histoire lui embrume la vue, elle passe à côté de l'essentiel. Elles s'assoient, Jean arrive et sert trois grands verres de jus de pomme.

- Il ne peut pas être plus frais. Ils boivent une bonne gorgée. Il est bon. Le verdict de Jean est implacable et unanimement partagé.

- Vraiment délicieux.

Emilie ne sait plus si elle parle du jus de pomme ou du gentil couple devant elle qui échange subrepticement un baiser. Rien ne choque, tout semble aller de soi, comme une évidence. Une sérénité envoûtante, un calme qu'elle ne souhaite pas déranger plus longtemps.

- Alors qu'est-ce-qui vous amène ? lui demande Jean.

- Je peux parler librement ?

- Absolument, si j'ai oublié un morceau de l'histoire, vous me permettrez ainsi de la compléter.

Comme d'habitude Emilie ne s'encombre pas de fioritures et va droit au but.

- Je souhaiterais vous laisser les papiers de la voiture, mais j'aimerais récupérer tous les autres documents de Jean Mattei : carte d'identité, passeport, que sais-je encore ? Pour vous convaincre, je n'ai que ma bonne tête, je comprendrais que vous refusiez. Ce n'est pas grave. Je vous ai assez ennuyés. Pardon. Je dois partir. Je vous remercie pour tout. Excusez-moi. Salut le chien ! Au revoir, à bientôt. Pardon.

- Attendez, ne partez pas. La jeune femme rattrape Emilie et la tient par le bras. Attendez, Jean est parti chercher la boîte où se trouvent toutes les affaires.

- Tenez, les chaussures, le portefeuille, la montre de Jean le Corse, je crois que tout est là.

- C'est vraiment adorable mais je n'ai besoin que de ses papiers, je vous laisse la carte grise et l'assurance du pickup. Gardez le reste. Je vous laisse les chaussures et la montre aussi. Je ne sais pas comment vous remercier ?

- Venez-nous voir, ça nous fera plaisir, répond spontanément Jean Pelletier. Sur les marchés ou à la maison.

Emilie donne une dernière caresse au chien.

- Et pourquoi Pébé ?

- Abréviation de problème : quand il était petit, il était hyperactif et c'était un problème.

Emilie démarre, Jean l'aide à manœuvrer puis d'un signe dans le rétro lui dit merci, à bientôt.

Elle retraverse le pont, tourne à droite. Avant de rentrer à la maison rejoindre ses hommes, elle s'arrête à la supérette du Vigen. La petite commerçante est bien là, derrière sa caisse.

- Bonjour madame Dubreuil. Comment allez-vous ?

- Bien, merci, répond-elle sur la défensive.

- Des nouvelles de mon ami Patrick ? demande la vieille dame d'un ton inquisiteur.

- Pas aujourd'hui, demain peut-être ? Vous avez des plats à emporter ?

- Juste devant vous.

Emilie fait le plein, on ne sait jamais. Elle prend des bières : avec la choucroute, ce sera parfait. Direction ses hommes.

Chapitre 26 : L'arc en ciel.

Elle est curieuse de voir le résultat du travail de ses hommes dans le difficile exercice demandé : la sincérité. Être naturel dans une situation qui ne l'est pas est terriblement angoissant. Les mimiques, sa propre censure viennent souvent masquer le moment de vérité que l'on essaie, coûte que coûte, de dissimuler. On trouve moins intéressante notre vraie personnalité que l'image que l'on cherche consciemment à défendre. Il faut être un homme des cavernes pour ne pas se préoccuper du regard de l'autre, et encore les choses bougent.

Les réseaux sociaux sont inondés de gens qui se filment dans un monde extraordinaire : je vais bien, il fait beau, il n'y a pas de touristes. Le seul jugement qui compte est le nombre de personnes qui ont regardé cette vidéo. Le contenu importe peu. Une jeune fille sur onlyfans avec des formes généreuses, un homme se faisant tabasser dans la rue, une femme ronde qui tombe sur un trottoir feront plus de vues qu'une leçon d'orthographe.

Patrick et Jean ne sont pas encore des youtubeurs célèbres. Emilie descend, fixe le câble, ouvre. Elle réitère son approche silencieuse, mais cette fois, elle n'entend qu'un silence pesant. Rien ne bouge dans le studio.

- Coucou, il y a quelqu'un ? dit-elle presque inquiète.

- Oui, pardon Emilie, on ne t'a pas entendue. Le bûcheron se lève du lit et va à la porte. Tiens, je te rends ton téléphone et le chargeur. Fais-en bon usage. Jean dort, il est cuit, le petit.

- A tout à l'heure. Peut-être. Clic.

Emilie s'installe sur son lit, puis remet sa carte SIM dans l'appareil. Elle a reçu un nouveau message d'un numéro masqué. Curieuse, elle l'écoute.

- Ici le gendarme de Solignac, le notaire que vous cherchez est maître Glimacci, à Propriano. Voilà, à bientôt Emilie.

Elle a décidé de commencer par les vidéos, mais cet appel la perturbe, elle voudrait en savoir plus. Elle cherche les coordonnées du notaire de Propriano, et appelle dans la foulée.

- Maître Glimacci ? demande Emilie, la communication établie.

- Sa secrétaire. Bonjour madame, que puis-je pour vous ?

- Je souhaiterais parler à maître Glimacci, c'est personnel.

La secrétaire, qui en a vu d'autres, poursuit son barrage.

- Maître Glimacci n'est pas là pour le moment, il ne rentre que lundi, puis-je prendre un message ?
- Oui, hésite Emilie, c'est au sujet de Jean Mattei...

La secrétaire coupe Emilie dans son explication.

- Maître Glimacci vient d'arriver, je vous le passe tout de suite. Surtout ne quittez pas.

Elle bascule la ligne sur celle de son patron.

- C'est au sujet de monsieur Mattei.
- Bonjour madame, maître Glimacci à l'appareil. Vous êtes madame ?
- Mon nom ne vous dira rien, je viens d'apprendre que vous recherchiez monsieur Mattei, et je souhaiterais en savoir davantage.
- Bien sûr, c'est légitime, mais malheureusement je ne suis pas habilité à vous transmettre ce type d'informations. Toutefois, si vous disposez de renseignements concernant monsieur Mattei je vous encourage à me les transmettre dans les plus brefs délais. Ce que je suis en droit de vous dire, c'est ce qui est déjà paru dans la presse.

Emilie raccroche. Les dettes de Jean doivent être colossales, beaucoup plus importantes que ce qu'il veut bien dire. Elle se fait du souci pour lui. Il n'est pas celui qu'il dit être. Le fait de prononcer son nom a fait réapparaître le notaire qui était soi-disant en week-end. De plus, elle apprend que la presse suit cette affaire. Beaucoup de questions, c'est peut-être trop gros pour elle. Emilie pose son téléphone, regarde le plafond, s'interroge sur son Jean : témoin protégé ou pizzaiolo surendetté ? Ses yeux piquent, elle s'endort.

Combien de temps s'est-elle assoupie ? Elle regarde son téléphone : une bonne heure de sieste. Bien reposée, elle ne lâche pas son portable, se redresse et cherche les vidéos. La première s'intitule « Patrick ». Elle passe en mode lecture et monte le son. Il est rasé de près, presque peigné, chemise blanche. Cadré au niveau des épaules. « Bonjour, je m'appelle Patrick Martin, j'ai cinquante et un ans, j'ai enlevé puis séquestré Emilie Dubreuil pendant six mois. Je n'en suis pas fier, d'autant plus que je l'aime bien. Pardonne-moi Emilie, je t'embrasse. » Emilie est sur le cul. Le ton est juste, il n'y a rien à ajouter. Patrick a été parfait. Elle n'avait pas regardé avant la durée de la vidéo : vingt secondes. Le moins qu'on puisse dire, c'est qu'il est efficace.

C'est au tour de la deuxième vidéo, qui s'appelle « confidences d'un chercheur de trésor ». Emilie, surprise par l'initiative de Jean, se redresse dans son lit. Jean est rasé lui aussi, il a la même chemise que Patrick. Elle appuie sur lecture. « Je suis un moine chercheur de trésor. Un jour j'ai trouvé un trésor mais je ne l'ai pas vu ; je le tenais dans mes mains mais je l'ai cassé. Je m'appelle Jean Mattei et je suis un con. J'ai abusé d'Emilie Dubreuil un jour de septembre, car je suis un con. Je pense que tu ne peux pas me pardonner. Je le comprends et je l'accepte. Qui pardonnerait à un con comme moi ? Fin de l'enregistrement.

Elle ne s'attendait vraiment pas à ça. Elle ébauche un sourire, comment doit-elle réagir ? Ils ont obéi, leurs vidéos sont sincères, ils n'ont pas cherché à fuir leurs responsabilités, ils plaident coupables, elle en a la preuve filmée. Leur détention est difficile : pas d'ouverture sur l'extérieur, deux hommes qui ne se connaissent pas dans un espace plus que restreint. Deux otages qui ignorent leurs sanctions ainsi que la durée de leur peine. Ne pas savoir. Maintenant qu'elle a obtenu leurs aveux, elle peut les abandonner, elle a leurs vies entre ses mains. Que veut-elle en faire ? Ils ne se sont pas étripés, ont-ils partagé de bons moments ? Sûrement. Patrick est un type nécessaire, s'il n'est pas là, il manque. Il y a des gens comme ça. Un grand reporter qui rentre de Syrie est plus indispensable qu'un chroniqueur de Cnews. En ce qui concerne Jean, elle a l'impression de le connaître et envie de le découvrir, elle souhaite l'apprivoiser et l'écouter. Elle sent que leurs avenirs sont liés.

Patrick et Jean vont sortir demain.

Elle est soulagée d'avoir enfin pris cette décision. Elle doit réserver un hôtel pour demain soir, ou bien Patrick acceptera-t-il de l'héberger encore un peu ? Ces questions pratiques ne peuvent pas faire partie d'un chantage. Les solutions doivent couler de source. Emilie souhaite garder sa chambre. Il faut qu'elle se change les idées. Vont-ils vouloir se venger et l'enfermer à nouveau ? Doit-elle se faire aider par le gendarme ? Mais comment ? Elle se fait couler un bain. Et s'ils décident de la faire disparaître, découpée comme un jambon, personne ne la cherchera. Ont-ils établi un plan ? Comme elle l'a fait, la moindre petite occasion et zou, on s'échappe. Elle s'immerge dans l'eau bouillante. Pourquoi cela se passerait-il bien demain ? Ces hommes sont forts, pleins de testostérone, ils vont la massacrer. Elle balance sa tête en arrière, le visage sous le niveau de l'eau, se redresse et se lisse les cheveux sur la nuque. Va-t-elle mourir demain ?

Elle tente de chasser ses idées noires. Dans la cuisine elle choisit les boîtes pour le diner du soir. Micro-onde, trente secondes : ding. Elle doit descendre. Une appréhension intense la submerge. Emilie n'a jamais eu aussi peur de retrouver ses hommes. Va-t-elle leur annoncer sa décision ? Le câble, ouverture de la porte.

- Vous avez faim ? demande Emilie, tendant les deux boîtes brûlantes.

- J'arrive. Alors ? Tu as visionné les vidéos ? Tu as aimé ? Impatient, Patrick se brûle en récupérant le dîner.

- Vous avez été sincères. Je vous félicite. Ce soir, j'en poste une copie à une copine au cas où il m'arrive un accident... on ne sait jamais, si je glisse dans l'escalier, ment-elle.

- Tu es prudente, c'est bien, mais pour le coup je crois franchement que tu ne risques rien. Hein, De Niro ?

- Oui, c'est sûr. Que veux-tu qu'il t'arrive ? confirme sincèrement Jean, regardant autour de lui et ne voyant que deux pauvres types.

- Dis-moi Jean, tu as récupéré. On dirait que tu vas mieux ?

- C'est gentil de prendre de mes nouvelles. J'ai eu un petit coup de moins bien. Tu sais, je me suis posé des questions existentielles : qui suis-je ? Où vais-je ? Des questions que je n'ai pas forcément l'habitude de me poser. Ça m'a crevé.

- Tu as trouvé les réponses ? interroge Emilie, quelque peu intéressée.

- Absolument, je ne vais pour l'instant nulle part. Je ne suis pas forcément un type bien, je ne peux que m'améliorer. Patrick a raison de me le répéter tout le temps : on verra bien.

- Mais oui Jean, on verra bien, dit Emilie en fermant la porte. Clic.

Elle doit se coucher de bonne heure, la journée de demain risque d'être la dernière. Dans son lit, elle ouvre le portefeuille de Jean. Elle commence par les cartes bancaires, examine l'abonnement au club de plongée, la carte vitale, le ticket du garage : rien d'extraordinaire. Son permis avec une photo improbable, moitié taxi driver, moitié scare face : cheveux longs. Un sourire s'imprime sur les lèvres d'Emilie. La photo du permis bateau, Jean doit avoir seize ans, il a un air triste, une absence dans les yeux. Des tickets bancaires et la photo d'un couple qui entoure un bébé. La mère dégage ce même air triste, le regard perdu, une mèche de cheveux qui vient effacer son visage sans aucune émotion. De toute évidence, très jeune et sous emprise de substances illicites. L'homme à côté, perfecto noir, coupe de cheveux iconique à la Billy Idol, brun, le regard vitreux, retient le bébé en équilibre sur son genou. Le bébé, pas très gros, arborant un large sourire, et un t-shirt the Dark Side of the Moon, l'arc en ciel des Pink Floyd. Emilie reconnaît Jean, et les gamins sont certainement ses parents.

Elle remet tout en place, et éteint la lumière.

Chapitre 27 : La lumière.

Emilie a rendez-vous à Saint-Jean-Ligoure à huit heures. Elle se levait tôt quand elle travaillait, mais elle en a vite perdu l'habitude. Elle ne s'éternise pas dans la salle de bain, un café, un jus d'orange, et la voilà assise au volant. Elle entre l'adresse dans Waze : Le Mas d'Eyraud. Elle arrive pile à l'heure. Un homme d'un certain âge s'approche d'elle, le bras tendu pour une poignée de main énergique, musclée, longue et ferme. La douleur déclenchée par cette poigne virile met quelques minutes à s'atténuer, elle retrouve lentement l'usage de sa main droite et peut commencer à penser à autre chose. Elle suit le vieux monsieur qui a dû gagner un concours de marche rapide. Celui-ci se retourne régulièrement pour voir s'il n'a pas perdu la jeune femme en route. Emilie s'accroche, n'écoute plus les explications du champion, cherche son souffle, court un pas sur deux. Au bout du chemin, une ferme rénovée avec une grange attenante, immense. Des aboiements se font entendre. L'éleveur fait l'apologie des parents de la chienne qu'a choisie Emilie.

- Ce sont des parents extraordinaires, je vais vous les présenter avant de vous donner votre chienne.

Reprenant son souffle et goût à la vie, Emilie, appuyée contre la roue arrière d'un tracteur, acquiesce d'un geste du menton. Si elle survit à cette journée, elle se promet de se remettre au sport. L'homme ouvre la porte de la grange et une vision fabuleuse d'animaux heureux s'offre à Emilie. Tous les chiens remuent la queue. Emilie n'en connaît aucun, derrière les barreaux du grand enclos qui donne sur l'extérieur.

- C'est Oscar, il est beau, et puis il est intelligent ! Vient là mon pépère. Et là-bas, vous avez Sumo, la maman, qui pense qu'à bouffer. Mais c'est la plus gentille de toutes.

- Vous les aimez vos chiens, ça se voit.

- Je passe plus de temps avec eux qu'avec ma femme.

Sa blague le fait rire un petit moment. Puis il se dirige vers le fond de l'enclos, ouvre la barrière et récupère un petit machin qu'il dépose délicatement dans une large caisse de transport. Le monsieur parle à la petite chose à voix basse. Il la caresse, lentement, affectueusement, se tourne vers Emilie et dit :

- Voilà ta nouvelle maman.

Emilie attrape la caisse par la poignée, très embarrassée. Ne sachant que faire de la chose, elle propose d'aller la poser dans la voiture. L'homme part devant, Emilie prend son temps et engage la conversation avec la chose.

- Je m'appelle Emilie, je suis parfaitement débile de parler avec un chien mais pourquoi pas ? En fait, je vais te présenter ton papa tout à l'heure, c'est Patrick. Vous allez très bien vous entendre.

Elle pose le chien côté passager, met la ceinture de sécurité puis retrouve l'éleveur.

- Vous avez laissé une vitre entrouverte ? s'inquiète le bonhomme.
- Evidemment, ment-elle. Alors je vous dois ?

Le discours devient incompréhensible pour Emilie. Des règlements, la législation, un carnet de santé, le tatouage, revenir pour faire ci ou ça, elle n'a pas vraiment écouté, elle dit oui à tout.

- Quelle est la marque ? Je veux dire, ma chienne, c'est quoi ?
- C'est un Setter Gordon, un chien magique, et affectueux, une femelle de soixante-cinq jours. Excellent chien de compagnie ! Elle est très affectueuse, serviable, elle demande de l'affection et en donne en retour. Elle est attentive et sera protectrice envers sa famille adoptive. Elle est en

excellente santé et ne présentera aucune difficulté à entretenir ni à éduquer. Le Setter Gordon est facilement reconnaissable à sa belle robe noire et feu et à ses belles oreilles frangées.

- C'est très bien tout ça. Bref, je vous dois combien ?

- Mille euros, tout rond. Vous payez en une fois, je vous offre sa nourriture pour quinze jours. Merci et peut-être à bientôt.

Emilie repart avec le cadeau qu'elle va faire à son otage.

En route, elle s'arrête à Saint-Maurice sur le marché où un camion paella est installé sur la place. Une queue d'une dizaine de personnes est souvent un gage de qualité. A son tour, Emilie demande cinq parts : la peur de manquer. A la pâtisserie, elle prend une multitude de petits desserts, tous différents. A chaque démarrage du véhicule, la petite chienne, assise sur ses fesses, tirant la langue, tente un aboiement plus ou moins réussi. Elle a vraiment une très bonne bouille, c'est certain, Patrick va littéralement craquer.

Emilie commence par sortir les courses et va chercher la chienne sans nom. Elle laisse à Patrick le privilège de la nommer.

Elle fait chauffer la paella à feu doux, une angoisse commence à monter, elle sait que l'heure approche. Elle met le couvert, chose qu'elle n'a encore jamais faite, assiettes, couverts en métal, elle sort les beaux verres, puis descend à la cave, ouvre et remonte deux fronsacs. Elle est prête.

Patrick lève le nez et sent une odeur anormale. Jean est toujours en train de gratter le bord de la trappe avec sa fourchette en bois et la poignée de la porte du frigo qu'ils ont démontée. Nuit et jour, ils se sont relayés à griffer le tour de la trappe, à ce rythme dans un mois ils vont voir apparaître la plaque d'acier. Ensuite le plan est de la faire plier sous leurs poids, et ainsi, de fuir par le souterrain. Ils ont du temps et de la patience.

- Tu ne sens pas cette odeur, je n'arrive pas à l'identifier, on dirait du poisson ou des fruits de mer, tu en a largué une, c'est ça ?
- Non, et puis moi, je ne sens rien.

Ce n'est évidemment pas la bonne réponse, Jean en est conscient et effectivement une odeur entre dans le studio. Au moment où il arrête de gratter, ils entendent les cloches de l'abbatiale qui sonnent à la volée.

- Tiens, il est midi, dit Jean, pas surpris par ce bruit habituel.
- Ce sont les cloches que l'on entend ? Perplexe, Patrick se lève et se rapproche de la porte.
- Oui, on doit être dimanche et c'est la sortie de la messe. Jean se redresse et observe Patrick avancer tel un félin vers l'ouverture.

- C'est ouvert, chuchote le bûcheron.

Jean suit son codétenu à la culotte, ils ouvrent la porte le plus silencieusement possible, n'osent pas allumer la lumière, puis grimpent les marches, ouvrent la porte du couloir. Le son des cloches couvre toujours le bruit de leur progression. Ils s'approchent de la cuisine, plaqués au mur, comme le GIGN à la télévision. Les cloches cessent, les deux hommes se cachent dans l'angle de la cuisine, Patrick est devant. Jean, derrière, s'accroupit pour jeter un œil afin de localiser Emilie. Le petit chien voyant approcher ces deux inconnus éternue deux ou trois fois. D'une nature sociable, il sort de sa cage, vient à leur rencontre en remuant la queue et se met à aboyer. Surpris par le son de sa voix, le chiot fait un petit pipi de surprise.

- C'est une fille, dit Emilie assez fort pour que les deux garçons comprennent qu'ils sont démasqués.

Patrick et Jean entrent à découvert dans la cuisine. Emilie, en bout de table, préside.

- A midi, c'est paella Mama ! chante-t-elle.

Jean repose le chiot qu'il avait dans ses bras, tire une chaise et s'assoit à côté de la jeune femme. Patrick a besoin d'un petit temps d'adaptation, il a une drôle de sensation, comme de retrouver la maison de son enfance : rien n'a changé mais tout est un peu différent par rapport à son souvenir. Finalement il s'assoit en face de Jean. La tension est de plus en plus palpable. Emilie a peur de mourir, Patrick se demande s'il va laisser exploser sa colère, et Jean s'il ne va pas prendre la tangente avant le dessert. Petits aboiements sous la table. Assis sur son postérieur, le chiot regarde fixement Patrick.

- Tu lui as donné à manger, elle a peut-être faim ? demande Patrick qui rompt ainsi le silence pesant.

- Ne t'inquiète pas pour elle, elle a déjà mangé et à partir de maintenant, c'est toi qui vas devoir t'en occuper.

Patrick se lève, récupère une serpillère, nettoie l'urine de sa chienne, et lui dit :

- On en reparlera plus tard de ça. Cette phrase adressée à ce pauvre animal, est, en réalité, interprétée par chacun d'eux.

Emilie sert enfin sa paella. Elle commence par Jean, honneur aux invités ! Lui n'a jamais mis les pieds dans la maison. Gourmand, il réclame une bonne assiette. Patrick paraît plus lointain mais se laisse servir une généreuse part, lui aussi.

- Je veux te remercier. Ça me touche vraiment. Un court silence puis Patrick poursuit : la petite chienne, c'est exactement elle que je voulais. Regarde, elle ne me lâche pas, elle veut monter sur mes genoux.

- Demain elle monte sur la table, plaisante Jean.

- Qui veut un peu de vin ? demande Emilie.

Les deux hommes tendent simultanément leurs verres. Elle les sert poliment, mais avec cette réflexion en tête : j'ai fait la boniche pendant trop longtemps. A présent, je vais aussi me faire servir.

Fourbue et heureuse du partage de ce repas, la petite chienne lovée dans sa boite, Emilie pose les gâteaux sur la table.

- Ils sont magnifiques, dit Jean. Lequel tu veux Emilie ?

- J'adore les religieuses, dit-elle pour la plaisanterie. Et toi, Patrick tu veux lequel ?

- Pour nommer un chien, il faut respecter la lettre de l'année, et cette année, c'est quoi la lettre ? demande Patrick ?

Emilie ouvre son portable, cette année c'est le « T ». Elle repose son portable à côté d'elle.

- Tiramisu ! Je vais l'appeler Tiramisu !

Patrick prend son dessert italien préféré parmi les nombreux gâteaux qu'Emilie a achetés. Jean interpelle le chiot.

- Hé ! Tiramisu, tu dors ? Eclat de rire général.

Emilie se lève faire les trois cafés, son téléphone sonne.

- Tu peux répondre, s'il te plaît ? demande-t-elle à Jean.

Chapitre 28 : Maître.

C'est un après-midi pluvieux, propice aux explications. Emilie redoute ce moment et elle n'est pas la seule. Jean a refait couler une tournée de cafés et Patrick ne quitte plus des yeux son Tiramisu.

- Je ne mets personne dehors, vous êtes ici chez vous. Aussi bien toi Emilie, que toi Jean. Patrick continue à regarder son chiot et poursuit : la première des conditions, je reprends ma chambre, c'est non négociable. Deuxièmement tout le monde participe, comme dans la série Friends. Et troisièmement plus personne n'enferme personne, je vais retirer les clés de toutes les portes, et même celle des toilettes. Si la porte est fermée, c'est qu'il y a quelqu'un, sinon c'est libre.

- Puisqu'on en est aux confidences, moi je veux bien le studio mais qu'est-ce qu'on fait de la trappe ? On la condamne ou pas ? Et le bipper ? Il est où ?

Emilie fouille ses poches et sort le bip. Suspicieuse ou prudente, elle laisse sa main sur l'objet.

- Laissez-moi un peu de temps. Je le garde.

Patrick descend, va à son établi, prend la petite masse et pulvérise le mécanisme de la porte du studio. Il remonte, s'assoit face au chiot et conclut :

- Plus de problèmes, tu peux garder le bip.
- Je peux rester dans la chambre du haut, ça ne te dérange pas ? demande timidement Emilie qui aime bien cette perspective de cohabitation avec ses garçons.

Jean est heureux d'être libre, d'avoir une nouvelle famille. Il reprend un gâteau quand Emilie lui demande :

- C'était qui au téléphone tout à l'heure ?
- Un numéro privé qui a fait une erreur, il voulait parler à monsieur Bedin, je lui ai dit qu'il n'y avait pas de monsieur Bedin ici. Il a insisté alors j'ai raccroché.

Emilie n'en croit pas un mot. Mais pour l'instant, il y a plus urgent, elle doit rappeler à Patrick sa conversation avec son copain le gendarme.

- Tu sais Patrick, ton ami le gendarme est venu deux fois déjà, et je lui ai menti : j'ai dit que tu étais dans les Vosges, tu te souviens ?

- Oui je sais, parti faire des travaux. Ne t'inquiète pas, il sait que c'est faux. Il me connaît et il sait que je n'ai plus de famille et qu'il ne me reste que ma sœur. C'est évident, il se doute qu'il y a un truc de louche mais il ne sait pas quoi. En revanche je ne serais pas étonné de le voir débarquer demain matin. Emilie accuse le coup, le fonctionnaire n'a rien laissé paraître.

Jean se rapproche de Patrick comme un enfant voulant négocier son cadeau de Noël et lui demande :

- J'ai creusé toute la nuit pour rien, je peux me faire une petite sieste si ça ne gêne personne ?
- Tu es chez toi mon ami, bonne sieste, j'y vais aussi. A tout à l'heure.

Et c'est comme ça qu'Emilie se retrouve toute seule, avec Tiramisu, en fin de dimanche après-midi pluvieux. Elle est en vie. Personne ne va tuer personne. Un ronflement bruyant sort de la chambre de Patrick. Elle descend, enjambe les morceaux de porte et curieuse rentre dans le studio.

- Tu as vu, on a fait quelques travaux ? dit Jean réveillé.

Emilie s'avance et voit la moquette arrachée, libérant l'espace de la trappe où tout le tour a été gratté, la sciure disposée en tas à côté. Ils ont même utilisé la prise mâle du frigo démonté.

- Vous avez mis un de ces bazars, les gars ! constate Emilie, les mains sur les hanches.

- Tu trouves ? rigole Jean.

L'air embarrassé, Emilie souhaiterait avoir sa première discussion avec Jean mais elle ne sait pas par où commencer. Subitement, elle fait demi-tour, monte dans sa chambre et redescend.

- J'ai récupéré ton portefeuille : tiens, tout est là.

Jean ne comprend pas, il ouvre machinalement, contrôle le contenu, tout est à sa place. Perplexe, il imagine un scénario plausible où Emilie se retrouve en possession de ses papiers : il n'y en a aucun. Ils s'assoient sur le lit, côte à côte. Emilie a retrouvé Jean Pelletier, elle ne le lui a pas dit.

- Tu connais Jean Pelletier ? interroge Jean en se tournant vers elle. Leurs genoux se touchent, ni l'un ni l'autre n'évite le contact.

- C'est un homme délicieux, il garde pour le moment ton pickup, mais il te rend ton portefeuille au cas où quelqu'un aurait besoin de connaître ton identité. On ne sait jamais, persiste Emilie.

- Ok, tout à l'heure au téléphone c'était Stéphane Glimacci, un type que je connais. Il a reconnu ma voix et il veut me voir. Sûrement à cause du restaurant que j'ai fait péter. Ils vont vouloir que je rembourse. Echapper à ces gens-là, c'est compliqué. Tu as cru bien faire en le contactant, je ne t'en veux pas, mais je dois assumer. Et puis je ne suis pas encore condamné ; dit-il levant les bras au ciel. Souhaitant éviter les sujets qui fâchent, le Corse s'allonge à la place de Patrick, Emilie l'imite. Il lui propose :

- On se fait un Blier ? Tenue de soirée, c'est drôle non ? Au vu de la situation.

Ils s'installent confortablement, Jean allume le vidéo, et lance le film. Emilie glisse sur l'oreiller, et après la scène du bal elle est déjà sur l'épaule de Jean. Ce rapprochement physique, désiré par les deux s'opère naturellement, délicieusement.

Excité par cette situation nouvelle, il tente un baiser en s'arrachant le cou. Il n'est pas assez souple, c'est un échec. Emilie, passionnée par ce film qu'elle ne connaît pas, ne s'est pas rendu compte de la tentative avortée de son courtisan. A fond dans l'histoire, elle rit, elle pleure, elle vit complètement cette comédie dramatique. Malheureusement avec le peu de sommeil emmagasiné et l'ayant déjà vu plusieurs fois, Jean s'endort comme une masse avant la fin du film.

Elle se dégage et laisse dormir son Jean, l'observe un instant, le félicite de n'avoir rien tenté et de l'avoir laissée pleinement profiter du film. Elle remonte, cherche Tiramisu, ne le voit nulle part. Prête à lancer une alerte générale, elle se rend dans la chambre de Patrick où le chiot dort sur les pieds de son maître. Elle sort de la pièce, émue, cette affection naissante la touche, tout ça c'est un peu grâce à elle.

Il reste un éclair au chocolat. Additionné d'un petit verre de vin, son dîner est tout trouvé. Jean s'est conduit en gentleman, elle ne l'aurait pas cru. La situation était propice à un rapprochement et pourtant il a su se retenir. Emilie se couche dans sa chambre et éteint.

Elle entend des voix d'hommes dans la nuit, ils parlent de chemises et pantalons, des baskets et de papier journal. Dans un demi-sommeil, elle ne réagit pas, se tourne et se rendort. Au matin, Patrick boit son café, le chiot lové sur ses cuisses.

- Tu as bien dormi ? demande-t-elle à papa gâteux.

- Très bien. Toi aussi ? C'est bien, tout le monde a récupéré. On va commencer la semaine en pleine forme. Je vais aller travailler, tu veux bien garder Tiramisu le temps que je m'organise ?

Emilie cherche Jean et n'ose pas demander au bûcheron où il se trouve sans trop éveiller son attention. Voyant son embarras, Patrick prend les devants :

- Il est parti ce matin, je l'ai amené à l'aéroport de Bellegarde. Son vol était à six heures quarante-cinq. Mais je ne sais pas pourquoi il faut y être en avance. Alors, je l'ai déposé à cinq heures et des brouettes. Il doit être à Ajaccio pour rencontrer demain matin un certain Stéphane. Il m'a dit de te dire au revoir. Voilà.

Patrick, un peu embarrassé par la situation, remarque que cette annonce bouleverse littéralement la jeune femme.

- Il a dit s'il comptait revenir un jour ? s'émeut Emilie, affichant un air triste.

- Je ne sais pas, il m'a dit qu'il souhaitait fêter l'anniversaire des « un an » avec Jean. C'est tout... Et de t'embrasser.

Emilie contourne Patrick et son désormais inséparable chiot et se fait couler un expresso. Au moment où la machine s'enclenche, on frappe à la porte.

- Entre, c'est ouvert ! dit Patrick pensant à la visite attendue de la gendarmerie nationale.

- Tu es rentré, ça fait plaisir de te revoir. Bonjour Emilie, vous allez bien ? Les deux képis entrent et s'installent à leurs places.

- Eh oui tout le monde va bien, s'exclame d'un ton sarcastique la jeune femme. Surprenant, non ? Pour ne pas dire autre chose.

- Ne m'en veuillez pas, c'est normal que je me fasse du souci pour mon ami. Maintenant que tu es là, je vous propose de passer à autre chose. Et pourquoi pas se faire offrir un petit noir ?

Patrick se lève et fait couler les expressos.

Chapitre 29 : Un message.

Emilie paye un loyer à Patrick, pas énorme, mais comme ça, elle se sent un peu chez elle. Son employeur a fini par la virer et couper son téléphone. Elle ne s'est pas présentée à la visite médicale de la sécu. Sa boîte a été classe, ils lui ont quand même versé une prime de départ en plus de son solde de tout compte : elle avait disparu, sans explications, après son accident. Elle a largement de quoi voir venir quelques mois, elle peut soutenir Patrick financièrement. A la fin de l'hiver, le bûcheron a repris son travail, il taille les haies. La jeune femme s'occupe de la maison et de Tiramisu. Au printemps, la chienne doit de plus en plus se dépenser au plus grand plaisir de Patrick qui passe des heures à admirer ses courses extraordinaires.

Le jardinage est leur occupation commune. Tous deux s'engueulent pour des semis, rigolent devant l'amateurisme d'Emilie. Ils forment un couple étrange, qui ne fait absolument pas jaser dans le village tellement ils ne peuvent pas être ensemble. Oncle et nièce à la rigueur, mais personne ne peut envisager une histoire d'amour entre eux. A la superette, la patronne s'est habituée à Emilie, il arrive même qu'elles échangent des recettes de cuisine.

L'été et sa chaleur accablante tombent sur les épaules des travailleurs de force. Patrick rentre exténué et déshydraté. Emilie fait installer la climatisation dans la maison. Le gendarme continue à venir prendre le café, Tiramisu cherche l'ombre et le frais.

- Tu peux me prêter ton téléphone Patrick ? Le mien charge dans la chambre et il faut que je prenne rendez-vous chez ma coiffeuse chérie.

Elle remarque l'enveloppe sur l'écran du portable. Curieuse, elle demande à Patrick qui l'a appelé mais n'a aucun souvenir d'un quelconque appel. Il ne se sert de son portable qu'en cas de problème, et les messages, il ne sait pas comment on fait pour les écouter.

- Je peux ? demande Emilie à Patrick qui s'approche pour observer la manœuvre.

« Vous avez un nouveau message, nouveau message, envoyé le dix mars à onze heure treize : Bonjour, c'est Jean, je voulais savoir si vous allez bien et vous laisser, en même temps, mon nouveau numéro de téléphone, si tu as envie de me rappeler. J'ai aussi joint Emilie mais sa ligne est coupée. Moi, ça va. Vous me manquez … Je n'ai pas le temps de m'ennuyer, il faut que je fasse mille trucs, c'est dingue. Si vous avez deux minutes, donnez-moi de vos nouvelles, ça me fera plaisir. Je vous embrasse. »

- Ça m'étonnait aussi, de ne pas avoir de ses nouvelles à celui-là, dit Patrick très content que son ancien camarade de chambrée se manifeste.

- Ça date du mois de mars, putain Patrick ! Merde ! Tu ne peux pas écouter tes messages ? Tu fais chier. Emilie est furieuse, elle reprend le téléphone et envoie la fiche de Jean sur sa messagerie.

- Et ton coiffeur ? demande Patrick, tu l'appelles quand même ?

Emilie fonce dans sa chambre : presque six mois sans nouvelles. Il a dû passer à autre chose. La boule au ventre, l'appréhension de déranger, peur de sa réaction. Elle hésite et se lance. La sonnerie n'en finit pas : personne au bout du fil. Tout à coup, une agréable voix féminine décroche :

- Bonjour, Marion à l'appareil, c'est pourquoi ?

Emilie raccroche, dépitée et furieuse contre son bûcheron. Ce n'est pas possible de ne pas lire ses messages !

- Alors il va bien ? demande Patrick, tout en branchant sa nouvelle télévision dans la cuisine, pour la reprise du top quatorze.

- Je ne sais pas, c'est une femme qui a décroché. Emilie s'assoit à table, regarde le bricoleur dans ses œuvres. Non mais, ce n'est pas possible ! Comment quelqu'un peut rester six mois sans lire ses messages, tu es incroyable !

- Là, comme ça, l'écran, c'est bon ? On ne voit pas trop les fils ?

- Si tu la tournes un peu, on perd le reflet de la vitre. Là, c'est mieux. Bouge plus, c'est parfait, l'aide Emilie.

Patrick branche sa box. Depuis qu'Emilie est avec lui, sa maison a pris un coup de jeune. Elle a refait sa chambre entièrement, décoré avec goût : tous les murs repeints en blanc, les meubles gris et bois brut. La cuisine a rajeuni de vingt ans : îlot central, tabourets et réfrigérateur intégré, à la fois fonctionnel et esthétique. Ce cadeau d'Emilie a chamboulé les habitudes de Patrick, l'écran TV n'était pas prévu. Un téléphone sonne.

- C'est le mien ! dit Emilie, très étonnée. Personne n'a mon numéro. C'est un numéro masqué.

- Allô, dit-elle, timide et intriguée.

- Emilie ? c'est Jean. Marion m'a dit que quelqu'un m'avait appelé, j'espérais que c'était toi. Comment vas-tu ? Toujours avec Hulk ?

- Oui, il est formidable. Elle se lève et s'enferme dans sa chambre. On s'entend très bien, même si... elle laisse un court silence. Il n'a écouté ton message que tout à l'heure, c'est pour ça que je t'ai appelé et moi, j'ai changé de numéro, alors...

- Attend, la coupe Jean. Excuse-moi, j'ai un double appel. Elle poireaute trop longtemps et lorsqu'il revient, il lui dit : Pardon, je dois te laisser.

- Je comprends. Bises.

Emilie est démontée d'avoir foiré ce moment qu'en réalité, elle a espéré depuis des mois. Dégoûtée, elle s'en veut : pourquoi la vie n'est-elle pas plus simple ? Ils regardent un film ensemble, Jean l'embrasse et zou terminé, l'affaire est dans le sac. Non ? il faut qu'il s'en aille, qu'il retrouve sa vie d'avant, avec cette Marion. Elle a fait vite, celle-là, pour lui remettre le grappin dessus. Elle est prête à le rappeler et lui dire ce qu'elle pense. Mais elle en pense quoi ? Elle a laissé partir un type bien, tout est de sa faute. C'est trop tard.

Emilie sort de sa chambre et entend Patrick qui discute avec quelqu'un. Elle reconnaît cette voix. L'accent corse plus marqué qu'avant, mais c'est bien Jean qui est là sous ses yeux. La jeune femme crie de joie. En trois pas, elle lui saute dans les bras et l'embrasse dans le cou, passionnément. Il la fait tourner sur place : deux amoureux qui dansent et ne se sont pas vus depuis deux jours. Il la repose et ils se regardent un long moment.

- Je voulais te faire une surprise et en fait, c'est toi qui m'appelles alors que je descends du taxi devant la maison. C'est incroyable, non ?

- Mais qu'est-ce que tu fais là ? demande Emilie arborant un large sourire communicatif.

- Il fallait que je remonte pour vous raconter. Vous m'avez sauvé la vie. Jean pose son petit sac de voyage. Il est bien coiffé, il porte une chemise blanche sortie de son jean Boss noir, baskets aux pieds.

- Attends, dit Patrick, on a le temps peut-être, tu restes un peu ?

- Oui un peu. Si vous m'accueillez, bien sûr ?

Les trois compères se regardent, assis sur les tabourets. Jean félicite ses amis pour la nouvelle décoration parfaitement à son goût. Emilie qui l'inonde d'anecdotes sur les travaux, bien aidée par le clebs, Tiramisu qui n'en finit pas de lécher les mains de Jean.

- Alors Patrick, comment va ta sœur ? Prenant un air plus sérieux, Jean veut faire un tour d'horizon avant d'attaquer le réel objet de sa visite.

- Elle va bien, je pense que je vais accepter un poste de chef jardinier dans la nouvelle clinique psychiatrique qui ouvre bientôt, à côté du golf municipal. On a fait une demande à un organisme qui dépend d'une fondation qui s'appelle « Fanale », je ne sais pas trop ce que ça veut dire, mais en tous les cas, ils l'ont acceptée. Ce n'était pas gagné, tu sais. Comme ça je serai toute la journée avec elle. Enfin, ce n'est pas pour tout de suite mais les travaux avancent bien.

- Je suis content pour toi, c'est mérité.

Jean regarde Emilie qui n'a pas changé. Elle est radieuse, elle porte un T-shirt arborant l'inscription « No Problem » laissant apparaître sa poitrine généreuse, un short déchiré sexy et un maquillage léger.

Ils mettent le couvert pour un déjeuner improvisé. Patrick fait une salade « as'kireste » : crevettes, avocats, tomates, œufs durs, olives et laitue du jardin. Un peu de vin à l'apéro. La conversation est agréable, ponctuée de surprises et de rires. Finalement Emilie en revenant de chercher les nectarines demande à Jean :

- Bon alors, et toi ? Qu'est-ce que tu as fait depuis que tu es parti ? C'est évidemment la question que Patrick et elle ont tous les deux sur les lèvres.

- Je suis parti avec des fringues de Patrick. Je suis arrivé à Orly comme un clochard. Heureusement, Patrick m'a donné de l'argent pour m'habiller dans les boutiques et être présentable lors de mon entretien avec Stéphane, le notaire. Quand je suis parti, je devais de l'argent à quelqu'un qui ne pouvait pas accepter cette dette. C'est considéré comme un manque de respect.

Donc ils m'ont cherché partout : mon cousin d'abord, puis des gros bras. Ils ont fait chou blanc. Puis tu te souviens Patrick, quand Monsieur Santoni est mort, je t'ai dit que j'étais enfin libre. En réalité, ce jour-là j'ai perdu mon grand-père. C'est fou, mais lors de l'enterrement du parrain local, les guerres de succession n'ont pas attendu la mise en terre. Mon oncle et mon cousin se sont d'abord fâchés à cause de moi, chacun voulant offrir ma tête à Monsieur Santoni et les cinquante mille euros. Ce n'est pas tellement l'argent pour eux qui était en cause mais l'honneur. Ils auraient pu s'asseoir sur le fric mais pas sur l'affront. Mon grand-père décédé, ils se sont fumés entre eux. Mon oncle avec deux balles dans le buffet est mort sur le coup devant l'église et mon cousin vient d'être débranché ces jours-ci. J'ai d'abord réglé les problèmes d'héritage en prenant en compte mon cousin, et là, je viens d'hériter de lui aussi.

Jean se lève et fait trois cafés sans demander qui en veut. Le temps s'arrête, comme suspendu. Puis il distribue à chacun sa tasse et poursuit :

- Bref, je n'avais pas le niveau pour gérer les affaires de mon grand-père. Alors, j'ai appelé Marion. Emilie se renferme aussitôt. Marion a fait des études et elle est douée en informatique. Elle était au chômage quand je lui ai proposé ce travail. Elle a tout de suite accepté. On a créé une fondation, ce qui nous permet de liquider toutes les affaires louches de Santoni. De toute façon, la mafia a horreur du vide : sitôt mon grand-père mort et le reste de ma famille décimé, ils ont été remplacés. Mais il fallait que je m'occupe des biens immobiliers, notamment des immeubles dédiés aux étudiants Proprianais à Paris, qui sont actuellement la propriété de la fondation. Marion a géré les comptes bancaires planqués dans les îles, je n'en connaissais pas l'existence. Elle m'a expliqué mais ce n'est pas mon domaine d'expertise. J'en viens donc à l'objet de ma visite : je dois engager une personne de confiance, qui a fait des études, qui sait parler en public, expliquer des trucs, tu vois ? Voilà ! Si ça t'intéresse Emilie, c'est pour toi.

Tentée mais un peu déçue, Emilie réfléchit. Certes la proposition est alléchante. Il ne pouvait pas non plus la demander en mariage, elle croyait quoi ? Une personne de confiance, a-t-il dit, ce n'est pas si mal...

Chapitre 30 : Avenue Napoléon.

Après ces confidences, Jean se sent épuisé, un peu déçu par l'absence d'enthousiasme d'Emilie à propos de sa proposition de travail. Finalement, il ne lui en veut pas, c'est normal après six mois d'absence. Elle a vécu des choses pas faciles et un an pour se reconstruire, c'est beaucoup mais ça peut paraître très peu. Il ne lui met pas le couteau sous la gorge, elle a le temps de réfléchir car, en définitive, ce poste n'existe pas : c'est le moyen qu'il a trouvé pour se rapprocher d'elle.

Mais pour l'heure, il doit se rendre à son rendez-vous avec Jean Pelletier. En route dans la Mégane de Patrick, il se dirige vers la grande surface de Boisseuil. Il est quinze heures cinquante quand il arrive et de mémoire, se gare à peu près à la même place que celle qu'il occupait il y a tout juste un an. Il reconnaît son pickup qui l'attend, lui aussi en avance. Les deux hommes restent au volant jusqu'à seize heures pile. Mais du haut du 4X4, Jean Pelletier n'a pas pu voir le conducteur de la petite voiture rouge.

Jean Mattei frappe à la vitre du pickup. Jean Pelletier sursaute et reconnaît instantanément son ami Jean le Corse. Les hommes s'enlacent un long moment. Sans échanger un mot, ils se détaillent de haut en bas et de bas en haut. Ils ont changé. Leurs yeux sont plus expressifs, on ressent de la vie. Il n'y a plus de peur dans leurs attitudes. Se prenant par l'épaule, ils se dirigent vers le bar le Colombus de la galerie commerciale. Ils s'observent dans leurs démarches, leurs habitudes, ils n'ont échangé que des sourires. Ils s'installent et commandent à la très sympathique serveuse deux bières bien fraîches. Il y a un an, jour pour jour, ils ont sauvé leurs peaux en troquant leurs avenirs.

- Felice Anniversariu, Jean. Le Corse qui veut fêter cet anniversaire montre à Jean Pelletier qu'il n'a rien perdu de son amour pour son île.

- Je te remercie. Jean porte un toast, son demi de bière en main. Bon anniversaire, Jean. Je ne te remercierai jamais assez. Cela n'a pas été trop dur pour toi de vivre ma vie ?

- Tu sais évidement que j'ai été moine, puis je suis devenu chercheur de trésor. À chaque fois, j'ai rencontré des gens extraordinaires. Ensuite, j'ai été l'otage de la femme que j'aime. Sourire d'incompréhension du Pelletier ! Pour finir, tu as devant toi, le président d'une fondation de plusieurs millions d'euros d'actif. Santé ! Ils retrinquent gaiement. Et toi, ne voulais-tu pas voyager ?

- Depuis que l'on s'est séparé j'ai dû faire vingt kilomètres. Rires des deux Jean. Ta voiture était très grosse pour un Parisien comme moi. J'ai pris les petites routes, je me suis arrêté dans un champ et ma femme était là, on ne s'est plus quitté.

- Félicitations Jean, je suis très heureux pour toi, sincèrement, et que fais-tu ?

- Je suis maraîcher, je cultive des fruits et légumes. Au fait, tu as récupéré ton portefeuille ?

- Oui mais c'est quoi cette histoire ? Tu connais Emilie ?

- C'est simple. Cette femme est incroyable. Elle a littéralement enquêté pour me retrouver et ensuite elle a tout fait pour récupérer tes papiers ; je ne sais pas pour quoi faire, mais dis donc, quelle volonté ! Tiens, dans le sac, j'ai le reste : tes chaussures, ton jean, tout quoi !

- Emilie t'a retrouvé et c'est grâce à elle qu'on est là aujourd'hui. C'est elle la femme de ma vie. Elle ne le sait pas encore, mais c'est sûr, c'est bien elle. En revanche, dit le Corse, à mon tour de te faire un cadeau bien mérité : je n'ai plus besoin de mon pickup. Je t'ai préparé l'acte de vente. Si tu signes là, il est à toi.

- Tu ne peux pas faire ça. C'est beaucoup trop. J'ai vu dans quoi tu roules, ce n'est pas pour me moquer mais ta voiture rouge…

- Ne t'inquiète pas, ça me rend service et ça me fait plaisir, accepte.

Jean Pelletier signe les trois formulaires, il est l'heureux propriétaire d'une énorme voiture qu'il ne sait toujours pas conduire. Il est ravi. Les deux hommes échangent leurs coordonnées, se promettant de se revoir très vite, de ne pas attendre un an de plus. Deux tapes dans le dos, ils se claquent finalement deux bises comme des amis de longue date.

De nouveau dans la Mégane, Jean le Corse se moque du Pelletier qui rate sa manœuvre pour sortir de sa place de parking. Un petit coup de klaxon, et ils se séparent comme promis, un an après.

Pendant ce temps, sur rugby plus, l'entraîneur des Lions de Rouen commente sa montée en top quatorze.

« Alors, Nicolas, heureux de cette montée parmi l'élite du rugby national ?

- Oui, j'ai déjà connu ça avec Brive, c'est surtout une fierté pour mes joueurs, et aussi un plaisir de vous retrouver.
- Vous allez affronter Toulouse, chez eux, pour votre premier match, pas trop d'appréhension ?
- Non, dans le rugby on ne sait jamais ce qui peut arriver. L'important, c'est que mes joueurs prennent du plaisir.
- Merci et bon match ».

Patrick adore ces moments rares d'avant l'affrontement où les gladiateurs entrent dans l'arène. Ils se sentent tout puissants, indestructibles. Il a même initié Emilie à son sport favori, elle aime vibrer avec lui pour des matchs importants. Et, aujourd'hui, le match est d'importance. Elle joue son avenir, sa vie avec son courtisan.

Ses fringues dans les bras, Jean frappe et entre dans la foulée. Aussitôt Patrick lui demande si son rendez-vous s'est bien passé tout en restant attentif au déroulé du match.

- Très bien, lui confirme le Corse, c'est un type génial. Je peux descendre mes affaires en bas comme avant ?

- Oui, bien sûr, dit Emilie comme si elle était chez elle. Donne, je prends ton sac, tu n'as qu'à porter le reste.

Ils descendent tous les deux dans le studio, bien décidés à faire avancer leur relation.

- Je t'ai préparé un lit tout neuf.

Elle se retourne, Jean la regarde amoureusement. Elle se rapproche de lui et l'embrasse fougueusement. Ils se prennent dans les bras et se serrent à ne plus pouvoir se décoller.

Jean recule pour reprendre son souffle et cherche une approbation dans les yeux de sa partenaire. Emilie lui prend la nuque, l'embrasse comme si sa vie en dépendait. Elle le pousse sur le lit, retire son T-shirt, leurs deux corps ne font plus qu'un. Comme des ados, ils interrompent leurs ébats pour se déshabiller et profiter pleinement l'un de l'autre.

Jean, au-dessus, laisse rapidement la place à Emilie, survoltée et terriblement gourmande pour son plus grand plaisir. Elle prend les initiatives de leur premier rapport amoureux, ils aimeraient que ce moment dure une éternité. Ce soir, ils font l'amour comme un couple qui se retrouve. Emilie l'interroge :

- Pour le job, ça tient toujours ?

Rires partagés, ils s'embrassent et repartent pour une nouvelle galipette.

Lorsqu'ils sortent de la douche, le match est terminé. Patrick regarde les tourtereaux, presque envieux de leur bonheur, tellement celui-ci se lit sur leurs visages.

- Bien installé ? demande le bûcheron à Jean.

Définitivement ces deux-là sont amis à vie.

- J'ai fait des recherches sur internet. La fondation qui s'occupe de la clinique psychiatrique, c'est la tienne, c'est ça ? La fondation « U Fanale » dont tu parlais tout à l'heure. Je ne te remercierai jamais assez. Je vais pouvoir m'occuper de ma sœur, tout en ayant une vie à côté. Patrick se lève et prend Jean dans ses bras. Merci pour elle et merci pour moi.

- Tu sais, il manque tellement d'établissements pour les gens handicapés physiques ou mentaux, que trouver des aides n'est en réalité pas si compliqué. Il faudrait simplement une vraie volonté politique, l'argent est là ; et en plus, tu sais, je compte bien en gagner du pognon avec cette clinique.

Emilie remonte avec une bouteille de champagne pour arroser sa nomination à son nouveau poste.

- Je suis officiellement ta chef ! dit Emilie en regardant Patrick faire péter le bouchon. Ça s'arrose.

Ils trinquent à leurs nouveaux horizons, à leurs nouvelles vies.

Le lendemain matin, les embrassades durent quelques minutes, peu de souvenirs sont échangés, ils parlent surtout de projets. Le taxi s'éloigne. Patrick, contenant ses larmes, fait de grands gestes d'au revoir. Jean et Emilie, les yeux rougis, s'enlacent avant de décoller vers la Corse.

Jean a trouvé son trésor.

Fin.

Remerciements :

Un immense merci à Cathy pour le partage de tes connaissances, et l'infinie patience dont tu as fait preuve. Et aussi un grand merci à Thibault et Claudette, mes deux primos.

Bravo et merci à Charls pour tout.

Table des matières

Achevé d'imprimer par
Imprimerie Touron
Rue de la Filature
87 350 Panazol
N° ISBN : 9782959031915
Dépôt légal : 1ᵉʳ Trimestre 2024